내 안에 개있다
저것이 아닌 이것을 위한 인문 에세이

내 안에 개있다
저것이 아닌 이것을 위한 인문 에세이

초판 1쇄 인쇄일 2016년 1월 10일
초판 1쇄 발행일 2016년 1월 15일

지은이 신아연
펴낸이 양옥매
디자인 이윤경
교 정 조준경

펴낸곳 도서출판 책과나무
출판등록 제2012-000376
주소 서울특별시 마포구 월드컵북로 44길 37 천지빌딩 3층
대표전화 02.372.1537 **팩스** 02.372.1538
이메일 booknamu2007@naver.com
홈페이지 www.booknamu.com
ISBN 979-11-5776-147-0(03810)

이 도서의 국립중앙도서관 출판시도서목록(CIP)은 서지정보유통지원 시스템 홈페이지(http://seoji.nl.go.kr)와 국가자료공동목록시스템 (http://www.nl.go.kr/kolisnet)에서 이용하실 수 있습니다. (CIP제어번호 : CIP2016000301)

*저작권법에 의해 보호를 받는 저작물이므로 저자와 출판사의 동의 없이 내용의 일부를 인용하거나 발췌하는 것을 금합니다.
*파손된 책은 구입처에서 교환해 드립니다.

저것이 아닌 이것을 위한 인문 에세이

내 안에 개있다

신아연 지음

．
．
．

사랑하는 나의 두 아들 진원과 규원을 생각하며
이 책을 만들었습니다.

To my lovely sons, Seph Jonathan Jinwon Kim
&
Timothy Kyuwon Kim

．
．
．

| 또 책을 내면서 |

다음 생에는 나무로 태어나
빚을 갚겠습니다

　염치없다는 생각이 들었습니다. 베스트셀러 작가라서 내 책을 기다리는 사람들이 있는 것도 아니고, 앞서 낸 책 중에서 초판이나마 제대로 팔린 적도 없건만 또 책을 내게 되니 지상에 치울 거리 하나를 더하는 꼴이기 때문입니다. 게다가 한창 출간 준비를 하고 있을 때, 한 작은 김밥집에서 맞은편 상에 앉은 이들이 나누던 대화가 저를 더 부끄럽게 했습니다.
　"책 하나를 만들 때마다 나무 한 그루씩이 베어져 나간대."
　말한 이는 그래서 책을 낼지 말지 망설이고 있다고 했습니다.
　무람이 앞서지만 저로 인해 베어진 나무가 어느덧 다섯 그루입니다. 산다는 것 자체가 외부로부터 뭔가를 빼앗고, 폐를 끼치고, 빚을 지는 일이지만 순전히 나 좋자고 이렇게 못된 짓을 했으니 새로 낸 책을 산신령께 제일 먼저 바치며 참회라도 해야 하나 싶습니다.

그럼에도 지난번 책 『글 쓰는 여자, 밥 짓는 여자』를 낼 때도 말했듯이 죽을 때까지 이 '짓거리'를 그만두지는 못할 것 같습니다. '권태롭지 않으면 불안한', 살아 있는 한 떨쳐 낼 수 없는 실존적 한계인 이 두 축을 잠시라도 잊을 수 있는 순간이 제게는 글쓰기이니까요. 할 수만 있다면 다음 생에 나무로 태어나 빚을 갚기로 하고 이 생에서는 글쟁이로 살고자 합니다. 더구나 저는 호주로 이민 가 25년간 꾸려 오던 가정을 3년 전에 잃고 혼자 한국으로 돌아왔습니다. 그리고 나니 사는 것이 더 권태롭고 더 불안해졌을 뿐 아니라 이제는 글이 밥이 되어야 하는 상황인지라 '이 짓'을 그만두려야 그만둘 수 없게 되었습니다.

이 책은 자유칼럼그룹과 호주한국일보, 그리고 최근 1년간 중앙일보에 연재했던 글모음집입니다. 호주살이, 한국살이가 뒤섞이고, 가족과 함께 한 시간과 혼자의 시간이 혼재된 들쑥날쑥한 체험이지만 누구든, 어디든 결국은 모두가 '사람살이'라는 것에 공감을 얻었으면 하는 바람입니다.

일상은 힘이 센 법이지요. '이상'이 '일상'을 이길 수 없고, '일상'이 모여 '일생'을 이룬다는 점에서 그러합니다. 그러한 모든 평범한 일상을 글로 담아내니 '비상(非常)'이 된 듯합니다. 지금, 여기, 민낯의 삶 자리만큼 소중한 것이 없지요. 지금 여기의 삶 자리는 미래라는 막연한 잣대로 재단되어 멍하게 잘려 나가서는 안 되는 오롯함으로 가득 차야 합니다. 그러기에 뜬금없는 '저것'으로 인해 손에 잡히는 '이것'이 희생되어서는 안 되며, 매끈하게 정제된 '저것'이 소박하고 질박한 '이것'을 밀어내게 해서는 안됩니다. 박제된 '저것' 대신 생동으로 빛나는 '이것'을 보듬을 수 있어야 합니다.

그러한 삶의 자세를 '내 안에 개있다'는 말로 표현하고 싶었습니다. 개는 절대로 주인에 대한 충절을 버리거나 딴 마음을 품는 법이 없지요. 언제나 '저것'이 아닌 '이것'을 섬깁니다. 우리도 '개처럼' 나의 근원이자 나의 지성 너머에 있으면서 매일 매일의 내 삶에 개입하는 절대적 존재를 인정할 때 비로소 '저것'이 아닌 '이것'을 누리며 살 수 있습니다.

한국에 되돌아 온 후 새로운 홀로서기를 하는 저를 응원하고 격려해 주신 고마운 분들을 가슴에 새깁니다. '어깨 너머'로 배워 가며 하라고 문외한인 저를 믿고 한의학 칼럼 자리를 선뜻 마련해 주신 강남자생한방병원 박병모 병원장님, 참 고맙습니다. 덕분에 한의학의 본래적 가치와 한방의 근간이 되는 동양 철학을 공부하는 계기가 되었습니다.

'본래의 나 찾기'에 동행해 주시는 가람신경정신과의원 김경식 원장님과 화요모임 도반들, 지난 한 해, 참 생명의 길과 빛을 찾아 노자와 장자의 세계로 이끌어주신 박희채 박사님, 저의 문운을 기원하며 메세나 활동으로 지원해 주신 ㈜유림의 이길환 대표님, 눈높이를 낮춰 글벗을 자처하신 아산나눔재단 정진홍 전 이사장님, 항상 기도로 돌보시는 두란노 아버지학교 국제운동본부 김성묵 본부장님, 열린 뜻으로 제 글을 보듬는 열린치과봉사회 이수백 전 회장님께도 감사를 드립니다.

  또한 자유칼럼그룹 필자들과 친정 피붙이들, 친구들, 지인들의 따스한 마음도 잊지 않고 있습니다. 인터넷 카페 '시드니 노리터' 회원들과 서경식 카페지기께도 정겨운 인사를 드립니다. 끝으로 '별 볼 일 없는 자식'을 낳는 일에 기꺼이 '산파'가 되어주신 도서출판 책과 나무의 양옥매 대표님께 큰 감사를 드립니다.

  이렇게 온통 고마운 마음뿐임에도 가슴 한편에는 멀리 호주에 있는 사랑하는 두 아들 진원이와 규원이를 아프게 담고 있습니다. 부모가 둥지를 헐어 버림으로써 비록 성인이라 해도 돌아갈 보금자리를 잃은 두 아이들을 위로하며 이 책을 전합니다.

2016년 새해 새아침
신아연

| 차례 |

06 · 또 책을 내면서

PART ❶

공감

16 · 지하철의 서글픈 초상
20 · 가난해서 착한 사람들
24 · 징하다, 스마트폰!
28 · 나를 키운 인큐베이터
32 · 글이 어떻게 밥이 되나요?
36 · 빵만으론 질식한다
40 · 공짜 글은 안 씁니다
44 · 공짜 강연은 안 합니다
50 · 나는야, 조선족 사토라레
54 · 내일 일은 난 몰라요
58 · 가족 잃은 사람들의 한가위
62 · 가발점에서
66 · 영혼의 방귀
70 · 너의 목소리를 들려줘
75 · 더위조차 더위 먹었던 지난 더위
79 · 저는 살아야겠습니다

PART ❷

배려

- 84 · 글 쓰는 여자, 밥 짓는 여자
- 88 · 등 좀 밀어 주실래요?
- 92 · 한산도 제승당 나비 구조 사건
- 96 · 무재칠시
- 100 · 내 생의 '유리구두'
- 105 · 자생하는 사랑의 한의학
- 109 · 화창한 봄날의 '무심 죄'
- 113 · 사랑하라, 한 번도 상처받지 않은 것처럼
- 118 · 내 나이가 어때서, 주례 서기 딱 좋은 나인데!
- 122 · 새것, 오래된 것, 빌린 것
- 126 · 사랑의 언어
- 131 · 손짓하는 홈스쿨링의 유혹
- 135 · 지폐의 추억
- 139 · 시(10)월(月)애(愛)
- 143 · 이름값을 한다는데
- 147 · 돌이 될 수 있다면

PART ❸

동행

152 · 나 좀 늙게 내버려 둬!
156 · 누구 고생시키려고
160 · 메멘토 모리, 죽음을 기억하라
164 · 그러기에 밥 좀 해 주지
168 · 그날의 팔순 잔치
172 · 이혼하면 증오일까
176 · 죽기 전 가장 많이 하는 후회 Top5
180 · 꽃조차 바쁜 사회
184 · 생명, 사랑 그리고 동행
189 · 글을 묻는 그대에게
193 · 사각턱 유죄?!
197 · 그저 오늘만을 위해
201 · 내 안에 개있다
205 · 이 마지막 날에
209 · 저어하는 마음
213 · 한여름의 세밑

PART ❹

상생

218 · 나의 모교 방문 낙망기
222 · 거소증과 코리안 드림
226 · 세월호가 세월 속에 가라앉지 않으려면
231 · '재미있는 지옥'을 언제까지
236 · '얼'빠진 '을'의 나라
240 · 거미줄 단상
244 · 압구정동 신현대 아파트 주민들께
250 · '갑질'하는 대형 교회
254 · '갑질' 반칙, 호주 '옐로카드'
258 · 나 편한 대로 '라쇼몽 효과'
263 · 죽은 한글의 사회
267 · '강남 스타일'로 한복 부활을
272 · 포털 변소, 싸지른 댓글
276 · 욕하면서 배운다고
280 · 조선족과 외계인

PART ❶

공감

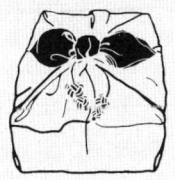

지하철의 서글픈 초상

"아주머니, 이거 하나만 팔아 주세요."
"지난겨울에 샀잖아요."

지하철 2호선 신림역, 제가 늘 타고 내리는 곳입니다. 한쪽 다리를 절고 사시가 심해 어디를 보는지 몰라 오히려 상대를 당황스럽게 하는 60대 초반 아저씨를 만나는 곳이기도 합니다.

아저씨는 한 개에 3천 원짜리 옷솔을 팝니다. 옷솔로 손질할 변변한 옷이 없어서인지, 옷솔이 변변치 않아서인지 작년에 산 빨간 옷솔을 옷장 위에 그냥 올려 두었는데 오늘 또 사 달라는 것입니다.

자기도 나같이 '예쁘고 착한' 각시가 있으면 좋겠다고 할 때는 언제고, 이젠 얼굴도 기억 못하는 걸 보니 아마도 그때 어떻게든 옷솔을 팔려고 '립 서비스'를 했나 봅니다. 지금 생각하니 성희롱입

니다.^^

"열차 안에서 팔지 그러세요?"

"원래 못 팔게 되어 있어요. 걸리면 쫓겨나요."

"그래도 다들 하잖아요."

"……."

연방연방 들어오고 나가는 열차로 부산하기만 한 승강장에서 제 갈 길 바쁜 사람을 붙잡고 물건을 파는 게 안쓰럽지만 그렇게밖에 못하는 본인의 사정이 있을 테지요.

"오늘 하나도 못 팔았어요……."

어린애처럼 아저씨는 울상을 짓지만 저라고 별 수 있나요? 원래도 필요 없었던 옷솔을 또 살 수는 없으니까요.

저는 지하철에서 이따금 뭘 삽니다. 딱히 그 물건이 필요해서라기보다 사람들에게 말을 거는 나름의 방편인데, 물건을 매개로 옆 사람과 이야기도 하고 잠깐이나마 상인들의 애환도 듣습니다.

재미있는 점은 제가 먼저 물건을 사면 마치 기다렸다는 듯이 다른 사람들도 덩달아 관심을 보인다는 것입니다. 우연히 몇 번 그런 걸 가지고 오지랖 넓은 착각을 하는 건지는 몰라도 여하튼 그런 일이 종종 있습니다.

상인들의 과장된 말이 아니더라도 지하철 물건은 공통적으로 싸다는 것 말고도 특허를 내도 손색이 없을 정도로 천태만상 아이디어가 반짝입니다.

 미니 봉을 중심으로 마치 우산살처럼 드라이브, 펜치 등을 접었다 펼쳤다 할 수 있으면서 봉의 꽁무니에는 불이 들어와 어두운 곳에서도 쓸 수 있게 만든 휴대용 공구를 비롯해서, 돋보기가 필요 없는 '실 꿰는 강아지', 감쪽같이 접히는 야외용 모자, 버튼을 누르면 '철커덕' 하고 결의 방향이 바뀌는 제가 산 옷솔, 최근에는 작은 스테이플러 크기의 손재봉틀까지 만날 수 있었습니다.

 러시아워가 지난 할랑한 공간, 예의 스마트폰에 코 박고 있는 사람들 빼고는 무료하고 지루한 시간도 메우고 때에 따라 재미있기도 한 지하철 상행위가 방해가 된다는 생각을 해 본 적은 없습니다. 방해는커녕 '지하철 쇼핑'을 잘만 활용하면 한 칸에 탄 사람들끼리 왁자하니 웃고 떠들며 잠시 잠깐 공동체가 회복되는 기미를 포착할 수도 있습니다. 저같이 좀 엉뚱한 사람이 좀 엉뚱한 역할을 해 주기만 하면 가능한 일입니다.

 그런데 '귀신같이' 알고 방송이 나옵니다. '옷솔 아저씨' 말대로 '불법 행위' 운운하는 내용입니다. 기관사나 승무원이 모니터로 확인했을 수도 있겠지만, 동냥은 못줄망정 쪽박은 깨지 말랬는데도 혹 누군가 전화로 신고를 했을지도 모릅니다.

 방송이 나오기 무섭게 서둘러 다음 정류장에서 내리는 상인의 뒷모습을 보면 마치 내가 당사자라도 되는 양 무안하고 무참한 기분이 듭니다.

'지하철 물건'을 요모조모 살피다 보면 이렇듯 창의적인 상품을 만들면서 소위 '대박'의 기대에 부풀었을 제조업자가 생각나 다시금 마음이 짠해집니다. '잡상인'의 손에서 헐값에 팔릴 거라면 애초부터 만들지 않았을지도 모르니까요.

물건 자체의 운명도 기구하고, 만든 사람도 안됐고, 이리저리 쫓기며 팔러 다니는 사람도 못할 짓이고, 더 나아가 우리 모두가 불쌍한 존재인데 꼭 그렇게 비참한 기분을 들게 해야 할까 싶어 속이 상합니다. 그 사람도 한 집안의 가장이자, 한 여자의 남편이고, 아이들의 아버지일 텐데 아무리 불법이라지만 여러 사람 앞에서 무안을 주고 깔봐도 되는가 말입니다.

이런 생각으로 기분이 울적해 있는데 또 방송이 나옵니다.

"지금 어느 칸에서 싸움이 붙었다는 제보가 들어왔습니다. 무슨 일인지 모르지만 되도록 화해하셨으면 좋겠습니다."

무슨 말을 어떻게 해야 할지 난감한 표정의 승무원 얼굴이 그대로 밴 듯한 어눌한 멘트에 승객들의 웃음이 터졌습니다. 일순 우울했던 마음이 씻깁니다.

싸하고, 아리고, 공연히 눈물이 맵게 징 솟는 지하철의 서글픈 초상입니다.

가난해서 착한 사람들

"아예 굽갈이를 하면 얼마나 들까요?"
"만 오천 원은 내야 해요."
"알았습니다, 갈아 주세요."
"만 삼천 원만 주쇼."

구두 수선 아저씨가 눈치 못 채게 고개를 돌리고 웃었습니다. 그깟 이천 원이 양심에 걸려서 금방 말을 바꾼 걸 들키게 되면 무안할까 봐서요.

새로 산 구두의 굽 거죽이 자꾸 벗겨져서 몇 번 풀칠을 해 달라고 하다가 아예 재질이 다른 굽으로 고쳐 달아야겠다고 마음먹고 물었던 것입니다. 구둣방 아저씨는 제가 값을 깎으려니 예상하고 만 오천 원을 불렀던가 봅니다. 그런데 부르는 대로 순순히 다 줄

기세이자 그만 양심에 '찔려' 제값을 부르게 된 모양입니다. 바가지를 씌운댔자 고작 이천 원인데 말입니다.

같은 날 이번에는 옷 수선집엘 갔습니다. 치마허리를 줄여 달라고 하니 같은 색 실이 없다는 좀 엉뚱한 핑계를 대며 안 하고 싶어 하는 겁니다.

빙글빙글 눈이 돌아가도록 수없이 많은 동글동글한 실패에, 돌돌 말린 실들이 저리도 많은데 그깟 겨자색 실이 설마 없을까, '난감한 의심'이 들었지만 없다는 데야 무슨 말을 하겠습니까.

"비슷한 색으로, 적당히 노란색으로 해 주세요."

"그러면 지저분해 보여서 안 돼요, 원래 실 색과 연결이 안 되잖아요."

"무슨 앙드레 김 옷도 아니고 대충 해 주시면 돼요. 색이 안 맞아도 뭐라 안 할게요."

옷을 새로 만들어 내라는 것도 아니고 허리 줄이는 것쯤이야 옷 수선집 '본연'의 업무가 아닌가 말입니다.

미궁을 빠져나올 '아리아드네의 실'에 '실낱' 같은 희망을 품듯, '실랑이'를 계속하는데 가만 생각하니 '아마도 일에 비해 품이 많이 드는가 보다.' 하는 쪽으로 '심증'이 굳어졌습니다.

"일이 어렵고 귀찮은 편에 속하나요?" 하고 단도직입으로 물었습니다.

아니나 다를까, 허리만 줄이는 것이 아니라 옆단을 다 손 봐야 해서 만 오천 원은 줘야 한다며 머뭇대며 말하는 겁니다.

그날은 아마도 제겐 '만 오천 원의 날'이었나 봅니다. 알았다고 하는데 구둣방 아저씨처럼 그 자리에서 말을 바로 바꿉니다. 만 삼천 원만 달라고. 두 사람이서 짰나 봅니다.

그냥 만 오천 원을 주겠다고 하자 만 삼천 원이면 된다고 또 '실랑이'가 벌어질 뻔했습니다.

며칠 후 옷을 찾으며 만 오천 원을 내자 기어코 이천 원을 돌려줍니다. 아무리 생각해도 좀 많이 불렀나 봅니다. 그냥 됐다고 하니 얼결에 "물 좀 드릴까요?" 이러는 겁니다. 아줌마가 미안하고 당황해서 그만 아무 말이나 입에서 나오는 대로 했던가 봅니다.

이천 원일 뿐입니다. 적은 돈이라는 뜻은 결코 아닙니다. 돈은 많고 적은 것으로 구분하는 게 아니라 값어치나 가치로 평가해야 한다는 것을 살면서 배웠습니다.

그리고 어떤 것의 값어치(price)가 가치(value)와 동일할 수는 없다는 것도 배우고 있습니다. 모든 것의 값어치, 즉 '적정 가격'은 너무나 잘 알지만 정작 그것의 '가치'를 모르는 사람들이 있기 때문입니다.

구둣방 아저씨와 옷 수선 아줌마는 제게 적정 가격을 제시하지 않았을지 모릅니다. 저 역시 이천 원이 '아무렇지 않지 않은 돈'은

아니니까요. 간짜장이 먹고 싶은데 짜장면을 먹어야 할 때가 그렇습니다.^^

게다가 '바가지 썼다.'고 생각하면 이백 원도 억울한 법이니까요.

하지만 그날 저를 붙잡았던 생각은 우리 세 사람은 얼마나 '착한 사람들'인가 하는 것이었습니다. 구둣방 아저씨는 오른쪽 검지 두 마디가 없고, 수선집 아줌마는 너무나 뚱뚱해서 자기 몸 하나 돌리는 데도 비지땀을 흘립니다. 그런데다 가게는 속된 말로 '콧구멍'만 합니다. 그 비좁은 공간에서 낙타만 한 몸뚱이로 바늘구멍과 온종일 씨름을 하는 겁니다.

남의 인생을 멋대로 예단해서는 안 되지만 그분들의 지나온 생은 편하고 좋았을 때보다는 신산스러운 고비가 더 많았을 것입니다.

그런데도 얼마나 착합니까. 돈 이천 원에 고운 심성이 불편해지고 양심에 저려 고뇌하는 영혼이라니. 저는 또 저대로, 하려고 든다면 팔자타령 좀 하게 생긴 처지이지만 아직은 그런대로 마음에 여유가 있지 않습니까. 보통 사람들, 가난한 사람들은 대체로 너무 착해서 탈입니다. 자기가 너무 착하다는 것조차 모르고 착해서, 어떤 땐 속이 상하고 가슴이 뻐근하게 아플 때도 있습니다. 가난해서 착한 건지, 착해서 가난한 건지 사람을 헷갈리게 하면서 말입니다.

징하다, 스마트폰!

엊그제 스마트폰을 장만했습니다. 그간 주위에서 왜 스마트폰 없이 사냐고 물을 때면 "사람이 스마트하니 전화는 좀 덤(dumb-모자란, 멍청한)해도 괜찮습니다."라며 농으로 넘기곤 했습니다.

실은 붙박인 듯 일상이 단순하기 때문에 스마트폰이 없어도 아무 불편을 못 느낀다는 것이 진짜 이유이지만요. 오는 전화 받고, 필요한 전화 걸 수 있는 것으로 휴대전화기의 용도는 충분하다고 생각하는 것도 또 다른 이유입니다.

지인 중에는 스마트폰은 고사하고 휴대전화 자체를 소유하지 않은 사람이 있는데, 그분은 자신이 그리 하는 것은 이 시대의 마지막 아날로그형 인간으로 남고자 하는 몸부림 같은 거라고 했습니다. 휴대전화를 지니지 않음으로 해서 거기에 매이지 않는 '참 자유'를 누릴 수 있다는 말을 덧붙여.

그 정도는 아니라 해도 저 역시 시간을 도막내고 종당엔 가루로 만들어 버릴 듯, 매 순간 집중력을 흩트리는 스마트폰에 이리저리 끌려다니지 않으려고 지금껏 구식 전화기를 고수해 왔던 게 사실입니다.

스마트폰을 가지는 순간, 스스로 더 외로워지고, 더 허전해지고, 더 공허해진다는 것을, 그리고 주변을 더 외롭게 하고, 더 허전하게 하고, 더 공허하게 만든다는 것을 타인들을 통해 충분히 확인하고 있기 때문입니다.

그 누군가와 당장 급하지도 않은, 긴요하지도 않은 메시지를 주고받느라 한 공간에 있는 가족, 친구와는 눈 한 번 맞추는 것에도 인색한, 대화의 중턱을 자르고 끼어드는 무례한 신호음에 오히려 반색을 하는, 함께 식사를 하면서도 눈길과 손길로 전화기를 수시로 애무하는, 터무니없으나 이미 현대인의 일상이 되어 버린 관계의 피폐함 속으로 들어가고 싶지 않았던 것입니다.

독서는커녕 제대로 된 글 한 줄, 완성된 한 문장을 읽는 인내심마저 잃은 채, 멍하니 있으면 차라리 유익할 것을 전화기를 쓰다듬고 어루만지며 시간을 죽이고 삶을 축내는 그 무서운 중독성에 진저리를 칠 때가 있습니다.

이역만리 떨어져 고국의 가족들과 보름 걸리던 서신 교환에 황감하던 때가 엊그제 같건만, 이제는 이메일의 '엔터' 키를 누르는 동시에 수신확인을 기대하는 염치는 또 얼마나 황당한지요.

  육필 편지의 답장을 기다리는 설렘, 간절함, 부푼 상상력, 기대감 등을 잃어버린 지는 이미 오래지만 겨우 1시간 내에 오지 않는 답신에도 간조증을 내는 그런 졸갑증, 그런 삭막함이라니요….

  이렇게까지 스마트폰을 '증오'하면서 뭣 때문에 전화기를 바꿨냐고 물으신다면, 사진을 찍고 싶어서라고 말씀드리렵니다. 이 아름다운 호주의 자연을 사진에 담아 글로 묘사하고 싶어서입니다. '사진이 있는 글'을 써 보고 싶은 욕심 때문입니다.

  이제 스마트폰을 가지니 김흥숙 시인의 한영시집『숲』에 나오는 시, 〈기다림〉이 문득 생각납니다. 김 시인님께 미리 양해를 구하지 않은 채, 매우 외람되지만 그 시를 이렇게 패러디해 봅니다.

    숲이 너무 아름답다고
    애인에게 전화하면 안 된다
    그가 가겠노라고 말하는 순간
    당신의 기다림이 시작된다
    나무들처럼 기다릴 수 없다면
    아예 시작하지 않는 게 좋다
    - 김흥숙, 〈기다림〉

스마트폰이 너무 아름답다고

남편에게 사 달라면 안 된다

그가 사 주겠다고 말하는 순간

당신의 기다림이 시작된다

육필 서신처럼 기다릴 수 없다면

아예 시작하지 않는 게 좋다

- 〈기다림〉을 패러디한 시 -

  이제 저도 '오지도 않을' 전화, 이메일, 문자 메시지, 쪽지, 카톡 등을 기다리며, '오지도 않은' 전화, 이메일, 문자 메시지, 쪽지, 카톡 등을 습관인 양, 일없이 확인하게 될 것입니다. 내 블로그에 몇 명이나 들어왔나, 내 글을 얼마나 읽었나, 댓글이 몇 개나 달렸나를 시시때때로 점검하며, 이상한 허전함과 초조함과 조바심으로 동동거리다가 급기야 묘한 소외감과 알 수 없는 서운함, 자잘한 원망마저 드는 그런 나날을 보내게 될 것입니다.

나를 키운 인큐베이터

　서정주 시인의 '애비는 종이었다. 밤이 깊어도 오지 않았다.'라고 시작하는 시 〈자화상〉에는 '스물세 해 동안 나를 키운 건 팔할[(八割)]이 바람이다.'라는 구절이 있습니다.
　스승의 날인 오늘 느닷없이 이 시구가 떠오르며 '어미는 밤이 깊어도 오지 않았다……, 스물세 해 동안 나를 키운 건 팔할이 스승이었다.'며 옛적 내 처지를 슬쩍 대입해 읊조려 봅니다.
　아버지 없는 집안의 4남매 중 막내, 휘어질 듯 깡마르고 푯대처럼 키만 껑충하달 뿐 존재감 없던 저를 귀히 여기고 보살펴 준 곳은 학교이자 선생님이었다고 말할 수 있습니다. '종처럼 일하느라 밤이 깊어도 오지 않는 어머니'를 기다리던 외롭고 우울했던 날들, 그런 저를 초등학교부터 대학까지 꼭 스물세 해를 선생님들이 따스하게 품어 주며 길러 주셨다고 해도 과언이 아닙니다.

시거든 떫지나 말고 얽거든 검지나 말 일이지, 가난한 데다 '빨갱이 가족'이기까지 하니 이래저래 치이고 주눅 들던 어린 시절, 학교에서나마 기를 펼 수 있게 해 주신 선생님들이 지금 생각해도 참 고맙습니다. 가정에서 챙겨 주지 못하는 아이들을 보듬어 주고 성장시키는 인큐베이터, 박완서의 소설 제목처럼 『꿈꾸는 인큐베이터』가 될 수 있는 곳이 학교라는 것을 온전히 체험할 수 있었던 것은 제겐 큰 행운입니다.

1년 내내 담임선생님 얼굴 한번 보러 오지 못하는 어머니, 더 정확히는 촌지 한 번 쥐어 줄 수 없는 가정 형편 때문에 초등학교 2학년 내내 방과 후 청소를 해야 했던 기억(그때는 선생님이 왜 나만 만날 청소를 시키는지 몰랐지만) 말고는 선생님들과 얽힌 추억 대부분이 따스하고 더러는 빛나다 못해 황홀한 걸 보면 어쩌면 저는 8할의 은혜를 넘어 '총애'를 받았던 것 같습니다.

그럼에도 '이담에 커서 선생님이 되고 싶다.'는 생각을 한 번도 한 적이 없었다는 건 지금 생각해도 좀 이상합니다.

돌이켜 보면 저를 포함한 2할의 아이들을 편애하면서 나머지 8할에겐 냉담하다 못해 학대에 가깝게 대하던 선생님들의 이중적인 행동을 이해할 수도, 받아들일 수도 없었기 때문이 아니었나 싶지만, 그게 진짜 이유였는지 확신은 못합니다.

관악산 자락 유명한 달동네였던 '난곡'의 8할 아이들과 함께 학교를 다녔던 제게는 급우들에 대한 미안함과 부채감이 지금도 남아 있습니다.

우리 집은 끼니를 걱정하거나 육성회비를 못 낼 정도는 아니었지만 너무나 가난했던 달동네 아이들은 육성회비가 밀리기 일쑤라 돌아가며 교단 앞에 불려 나가 선생님에게 뺨을 맞곤 했습니다. 그 친구들의 상한 자존감과 수치심, 부서진 영혼의 파편이 내 안에 고스란히 박히는, 귀 막고 눈 가리고 싶던 참담한 시간이었습니다.

식구들의 저녁 한 끼 수제비를 끓일 밀가루 값 70원을 잃어버리고 엉엉 울며 집으로 돌아가던 급우도 있었고, 끝내 육성회비를 못 내서 학교를 그만둔 친구를 동네 목욕탕에서 만나는 일도 있었습니다.

초등학교도 졸업 못하고 '목욕탕 때밀이'가 된 같은 반의 한 아이는 동네 목욕탕에서 나를 보자 반가운 마음에 막무가내로 돌아앉힌 채 등을 밀어 주었는데, 돌아앉아 있었으니 망정이지 하마터면 그 친구에게 눈물을 보일 뻔했던 일이 지금도 안 잊힙니다.

상처로 남아 있는 가슴 저린 단상들, 내 머리를 쓰다듬던 손과 친구의 뺨을 무시로 갈겨 대던 손이 '같은 선생님의 손'이라는 것이 몹시도 당황스럽고 죄스럽고, 무엇보다 혼란스러워 선생님이 되고 싶다는 생각조차 품지 못한 게 아닌가 싶습니다.

그럼에도 선생님들은 여전히 제게 고마운 분들이며, 반듯하게 저를 키운 8할이었습니다.

세상은 변했고, 학부모도 학생도 선생님의 존재감에 큰 의미를 부여하지 않는 사회입니다. 언감생심 '스승과 제자' 간의 공경심은 고사하고 '교사와 학생' 간의 기본 예의조차 위태로운 지경이니 '스승의 날'의 존재 의의에 대해 선생님들의 자조적 한탄을 이해할 것도 같습니다.

그런 와중에 불우한 가정환경으로 자칫 세상과 사회의 '미숙아'에 처해질 아이들은 늘어만 갑니다. 제게 그랬듯이 어린 것들이 본래 모습대로 성장해 갈 수 있는 학교와 선생님이라는 '인큐베이터'는 여전히 절실합니다. 예나 지금이나 선생님들은 무력하고 나약한 아이들을 자율적이고 주도적인 한 사람의 성인으로 새롭게 빚어내는 연금술사이자, 사랑과 관심으로 어린 영혼들과 교감하며 그들의 정체성을 형성시키는 토양입니다. 어릴 적 저처럼 '정서적 생존'을 갈구하는 우리 아이들은 곳곳에 너무나 많습니다. 선생님들의 사명과 역할은 어쩌면 지금이 더 소중하고 가치 있는 때일지도 모릅니다.

글이 어떻게 밥이 되나요?

"정말 글만 써서 먹고사나요?"

"그렇습니다."

"설마……, 아니겠지요, 아닌 것 같은데요."

"그럼 이 나이에 몸이라도 팔 수 있겠습니까?"^^

"아, 그런 말이 아니라……, 신아연 씨가 '있어' 보여서요."

"에이, 설마요."

얼마 전 작은 모임 뒤풀이 자리에서 제가 글쟁이라고 하니 어떤 분이 글쓰기가 어떻게 밥벌이가 될 수 있냐며 의아해했습니다.

"먹는 것도 나름이겠지만 어쨌든 지금까지 굶어 죽지 않았으니 이 자리에 있지요."

이어진 내 대꾸에 "그런 거짓말은 안 하는 사람입니다."라며 옆에서 거드는 모임 리더의 말에 웃음이 터졌습니다.

여하튼 그분은 '뭘 좀 아는 사람'임에 틀림없습니다. 우선 작금의 한국 사회에서 글로 먹고사는 것은 불가능에 가깝다는 것을 알고 있고, 그보다 더 잘 아는 것은 신아연이 유명 작가가 아니라는 사실입니다.^^ 어쩌면 '제깟것이 무슨 글을 얼마나 잘 쓰길래 글을 밥으로 바꾸는 재주가 있으려고.' 하며 혼잣말을 했을지도 모릅니다. 차라리 '글 밥' 대신 '탁발'을 다닌다고 했더라면 오히려 믿었을 겁니다.

그분의 말씀을 통해 한국과 21년이란 갭을 가지고도 글로 먹고사는 제 자신에 대해 경탄, 감탄, 찬탄의 '자뻑'에 빠짐과 동시에, 글도 하나의 생산물, 제품임에도 여간해선 돈과 바꿀 수 없는, 글을 써서는 정녕 굶게 되는 이상한 사회 구조를 다시금 통탄, 한탄, 지탄하게 됩니다.

낯 뜨거운 '야설'을 제하고 우리나라에서 글만 써서 먹고사는, 소위 전업 작가가 0.001%나 될까요? 지금 제가 그 0.001%에 속한다 쳐도 제 형편이란 것이 겨우 입에 풀칠이나 하는 옹색하기 그지없는 상황이니, 그럼에도 그분이 저를 '있게' 봐 준 것은 황공하기 이를 데 없는 일입니다.

글뿐 아니라 음악, 미술 등 우리나라 예술 및 문화 현실은 말 그대로 '불모의 땅'입니다. 자본의 고물을 덕지덕지 묻혀 옥석 구분

없이 현란하게 상품화시키는 경우를 제외하고는 '전멸'이라고 해도 과언이 아니까요. 속된 말로 씨가 말랐습니다.

낭중지추, 불세출의 천재를 이야기하는 것이 아닙니다. '글쟁이, 환쟁이, 음악쟁이, 연극쟁이' 등이 기본 생활을 할 수 있는, 원한다면 전업의 길을 갈 수 있는 현실적인 직업이 될 수 있어야 한다는 의미입니다. 적어도 제 한 입 풀칠을 하고, 식솔을 거느리고 있다면 최소 한 달 200만 원의 벌이는 될 수 있는 구조 속에서 글이면 글, 그림이면 그림, 음악이면 음악을 할 수 있어야 상식이 통하는 사회라고 할 수 있지 않겠습니까?

'고시 폐인'처럼 '문학 폐인'이 주변에 더러 있습니다. 한 달에 200만 원은 고사하고 몇 년간 '죽어라' 글을 써서 출판한 결과가 고작 200~300만 원이라고 하더군요. 청춘의 꿈이 삭아진 자리, 되돌아가기에는 너무 많이 와 버려, 이제는 지친 어깨로 생계를 떠맡은 아내에게 얹혀사는 비루하고 무능한 '구박중년'의 자화상만 남은 것입니다.

글을 쓰는 것이, 그림을 그리고 음악을 하는 것이, 연극 등 기타 예술 활동을 하는 것이 '천형'처럼 되어 버린 세상입니다. 엄살이 아니라 살자고 태어난 생명이 굶어 죽게 생겼으니 그런 재능, 그런 욕구를 가졌다는 자체가 천벌 받은 것이 아니고 무엇인가요?

지난 2012년 문화예술인 실태조사에 따르면, 예술인의 66.6%

는 예술 창작 활동에 따른 수입이 월평균 100만 원 미만이라고 합니다.

메세나(문화예술·스포츠 등에 대한 원조 및 사회적·인도적 입장에서 공익사업 등에 지원하는 기업들의 지원 활동을 총칭하는 용어)에 대해 다시금 생각해 봅니다. 사회가 해 줄 수 없다면 이를 대신하여 기꺼이 '비빌 언덕'이 되어 주고자 하는 귀한 활동이 아닐 수 없습니다.

우리나라는 아직 미미한 수준이지만 그럼에도 '나비의 날갯짓'은 꾸준히 계속되고 있습니다. 머지않아 '나비 효과'를 거두게 될 날을 기대해 봅니다. 한국에 다시 돌아온 지난 1년 반 동안 저는 단체는 아니지만 제 글을 후원하는 개인들로부터 명실공히 메세나 혜택을 받았습니다. 그분들은 재정적 지원을 비롯해 글로 먹고살 수 있도록 이런저런 모양의 밥벌이 토대를 마련해 주셨고, 지금도 한결같이 저의 '문운(文運)'을 기원하고 계십니다. 사람은 인정과 사랑을 먹고사는 존재입니다. 예술가들은 타고난 성정이 여리기에 더욱 그러합니다. 공동체가 그들에게 작으나마 생활 대책 마련의 도움을 준다면 그들은 반드시 은혜에 보답할 것입니다.

빵만으론 질식한다

무슨 비밀 조직이나 레지스탕스 운동에 가담한 것 같았습니다. 그들은 거개가 서울 강남 한복판, 그러나 옹색하고 비좁은 지하에 골방 같은 '아지트'를 두기에 바깥세상의 흥청스럽고 은성스러운 분위기와는 극명한 대조를 이룹니다.

그렇다면 무엇에 대한, 무엇에 의한, 무엇을 위한 저항이자 항거일까요. 우선 철학하는 농부 윤구병의 말부터 들어 보겠습니다.

> 세상이 뒤집혔다. 2백 년도 안 된다. 이제 돈 없으면 못 사는 세상이 되었다. 돈이 재주를 넘어서 둔갑해 사람 행세를 하는 거다. 자본이, 돈이 없으면 사람 구실을 못 하는 허깨비 세상이다. 이 세상에 돈이 있어야 살 수 있다고 믿는 미친 종자들은 인간밖에 없다.

그것도 가장 진보되었다고 저 잘난 체하는 현대인밖에 없다. 이 세상에 사는 다른 모든 생명체들을 붙들고 물어봐라. 강아지한테 물어보고, 지렁이한테 물어보고, 까막까치한테 물어봐라. 니네들 돈 없이도 살 수 있나? 있고 말고! 누가 이렇게 만들었나? 돈 없이는 살 수 없게, 생명체로 태어났으되 생명체 구실을 하지 못하게 만들어 놓은 원흉이 누구인가? 사람을, 하다못해 단세포 생물만큼도 떳떳하게 살아남지 못하게 한 탓이 누구에게 있는가?

감 잡으셨지요? '무찌르자, 공산당'이 아니라 '기막히고 코 막히게 둔갑해 사람 행세하는 돈, 돈 나고 사람 난 세상'과 맞붙어야 하는 것이죠. 무엇으로? 어떻게? 문화예술 활동을 살리는 것으로 말입니다! 그래야 돈에 짓눌려 죽어 가는 사람, 생명이 살아날 수 있다고 우리 '결사대'는 믿습니다.

지난 연말 지인과 함께 역삼동 '가얏고을 풍류극장'을 찾았던 느낌도 그랬습니다. 그나마 모처럼 객석이 꽉 찼습니다. 어린이 관객들로 세대를 아우르니 잔치 분위기인데 마침 예술단 이름도 '아우름'. 우리 소리 살리기를 위해 20년 가까이 시난고난 꾸려 왔답니다. 단돈 만 원으로 수준 높은 공연을 코앞에서 즐겼으니 영판 '염치없는 조 발막이' 꼴입니다. (조 발막이: 조가 성을 가진 사람이 궁궐에 들어가면서 신발이 없어 아내의 발막신을 신고도 부끄러운 줄을 몰랐다는

데서, 체면과 부끄러움을 전혀 모르는 파렴치한 사람을 비유적으로 이르는 말)

내가 아는 또 한 곳. 클래식으로 문화를 가꿔 가는 강남 개포동의 '한국가곡예술마을', 이곳에서는 예술의 전당, 세종문화회관 등에서 공연이 예정된 연주자들의 음악회가 열립니다. 그것도 무료로!

그런데 그러면 뭐 합니까. 그 좋은 공연, 그 수준 있는 무대의 객석은 거의 비어 썰렁한 것을요. 기껏 돈 만 원, 아니면 그도 말고 공짜라는 데도 외면을 당하니 서글프고 아프고 화가 납니다.

갤러리 같은 미술전시장도 경영난으로 허덕이고, 책은 또 얼마나 안 팔리는지 글 써서 먹고살 수 있는 사람이 몇이나 될지요. 흔전대는 물질 속의 '타는 목마름'이랄까, 생활이 풍족해질수록 문화예술계의 갈증과 고갈과 소진과 탈진은 더해만 갑니다.

한마디로 돈이 '웬수입니다.' '돈, 돈' 하는 사이 우리 삶이 문화나 예술 활동과 담을 쌓게 되었으니까요. 돈에 지치고 치이면 생활 자체가 송두리째 자극적이고 감각적이 될 수밖에 없습니다. 돈의 속성이 원래 그렇지 않은가요?

여가와 휴식, 주말이면 너도나도 뭘 삽니다. 아예 습관적입니다. 글 한 줄 읽는 것도, 음악을 듣는 것도, 그림 감상도 다 싫고 귀찮고 번거롭고 의미 없고, 오직 먹고 소비할 뿐입니다. 그래 봤자 그때뿐, 갈증과 공허감은 여전하다는 것도 이미 잘 알면서 말입니다.

단언컨대 돈 욕심, 물건 탐심 줄이는 데는 문화예술만 한 게 없습니다. '미친' 자본주의 사회에서 사람을 살리는 최선의 방책이자 폐쇄적이지 않은 열린 길입니다. 일전에 노재현 전 중앙일보 논설실장은 범국민 문화예술 후원 캠페인인 '예술나무 운동(www.artistree.or.kr)'에 대한 글을 쓰면서 예술나무 한 그루(계좌)당 월 3000원의 후원금을 책정하고 있다고 소개했습니다. 그 뜻이 좋아서 글쓴이는 고이고이 10그루를 심었다고 했습니다.

지인도 술자리만 좀 줄이면 예술단체 몇 군데 후원하는 거야 별일 아니라고 했습니다. 마음이 중요할 뿐, 큰돈 안 든다는 소리입니다. 후원금이란 말이 제 귀엔 '군자금'처럼 들립니다. 문화예술 지원은 이 시대의 적인 돈의 억압과 압제에서 인간성을 회복시키고 생명을 해방시키는 독립운동 버금가는 것이기에.

사람은 빵만으로는 살 수 없습니다. 빵만 먹다간 질식합니다.

공짜 글은 안 씁니다

 지난 달, 5년 만에 한국을 다녀오면서 몇 군데 언론기관에 정기적으로 글을 쓸 기회를 얻었습니다. 그중 새로 나온 제 책을 인터뷰 기사로 다뤄 준 한 일간지에서 칼럼 청탁을 해 왔습니다. 그런데 기고 주제, 분량, 마감일 등 구체적인 이야기가 오가던 중에 원고료는 주지 않는다는 황당한 이야기가 나왔습니다.

 인쇄매체와 달리 온라인상의 기고는 원고료를 지급하지 않는다는 것입니다. 그때까지 제 글이 온라인에 실린다는 것을 몰랐던 점은 금방 조율이 되었지만, 온라인 글은 원고료가 없다는 근거는 어디서 찾아야 할지 당혹스러웠습니다. 애초 종이 신문 일간지로서 온·오프라인의 기사 구분이 명확하지 않고 설령 온라인 전용 글이라 해도 글 내용에 따라 오프라인 신문에 싣지 말라는 법도 없을 텐데 온라인 필자에게는 고료를 주지 않는다니요.

대부분의 종이 신문이 존폐 위기에 놓일 정도로 온라인 접속이 대세인 상황에서 자기들은 언론의 기본 사명도 외면한 채 저질스럽고 지저분한 광고로 도배하다시피 하며 돈을 벌고 있으면서 필자에게는 버젓이 '공짜 글'을 달라는 '심보'를 어떻게 이해해야 할지 황량한 마음마저 들었습니다.

인쇄비가 드는 종이 신문에 글을 쓰면 고료가 지급되고, 종이 값이 안 드는 온라인상 기고에는 대가를 지불하지 않는다는, 상식적으로 납득이 안 되는 말을 '당신은 유명 필자가 아니라서 원고료를 안 준다.'는 의미로도 머리를 굴려 생각해 보았습니다.

하기사 유명 필자든 아니든 신문 원고료라고 해 봤자 쥐꼬리 반 토막도 안 되는 민망한 수준이긴 하지만요.

그래도 그렇지, 설혹 내가 백 원짜리 호떡을 만들어 판다 해도 공짜로 달라고는 못했을 텐데, 그렇다면 내 글이 호떡에 들어가는 한 줌 밀가루, 흑설탕 한 숟가락 값어치도 못 된단 소리니 비참한 한편 부아가 났습니다.

도대체 정신노동의 가치를 얼마나 업수이 여기고 깔보면 정당한 대가 지불은 고사하고 글을 거저 달라는 말이 나올까, 허탈과 비탄에 젖어 청탁을 해 왔던 그 신문의 국장에게 다음과 같은 메일을 보냈습니다.

제가 대가 없이 글을 쓸 때는 비영리 단체 등 공익성이 있는 곳이거나, 아니면 살림이 매우 어려워 도저히 원고료를 지급할 수 없는 곳에 한한다는 나름의 원칙이 있습니다. 전자는 살면서 사회에 진 빚을 갚고 좋은 일에 동참하는 기회가 된다는 점에서, 후자는 내가 가진 것을 동시대를 살아가는 이웃과 나눠야 한다는 의미에서입니다. 20년 넘게 이런저런 글을 쓰면서 제 스스로 정한 원칙을 지켜 오며 글 쓰는 보람과 즐거움을 누리고 있습니다. 그러나 귀사의 경우는 두 가지 중 어디에도 해당되지 않기에 제게 제안하신 원고료 없는 청탁을 거절합니다.

액수의 많고 적음을 떠나 고료 지급은 글 쓰는 사람에 대한 최소한의 예의이자 지켜 줘야 할 자존심에 대한 성의 표시라고 생각합니다. 글쟁이로서 돈을 먼저 생각하고 살아오지는 않았지만 정신노동이나 문화예술의 가치에 대해 몰염치한 한국 사회가 매우 걱정스럽고 더러는 분노하게 합니다.

귀사는 타 매체에 비해 재정적으로 넉넉하고, 문화예술의 존재 의미를 사회 저변으로 확대하기 위해 남다른 노력을 기울이고 있다고 들었습니다. 그럼에도 온라인상의 외부 기고에 대해서는 원고료를 지급하지 않는다니 매우 당황스럽고 실망이 됩니다.

자타가 인정하는 대한민국 대표 신문으로서 언론계를 선도하고 잘못된 사회 관행을 바로잡고 계도할 위치에 있음에도 타매체가 하는 대로 유야무야 그저 작은 이익을 좇아 나쁜 행태에 휩쓸리는 태도는 지도적 매체답지 않습니다.

메일을 보낸 지 한 달이 되어 가지만 지금껏 아무런 답신을 받지 못했습니다. 답신은커녕 '흥, 제까짓 게 뭐라고. 우리 신문에 글이 나가는 것만으로도 감지덕지할 것이지.' 하면서 콧방귀를 뀌었을지 모르지만, 저로서는 해야 할 말을 한 것 같습니다.

바위를 뚫는 작은 물방울과 불이 난 숲 속에 한 방울씩의 물을 담아 나르는 벌새처럼 지금 당장 내가 할 수 있는 일에 최선을 다하는 것이 옳고, 실상 그것 밖에는 달리 할 수 있는 것이 없으니까요.

현대는 온갖 것들이 상품화되어 '돈으로 살 수 없는 것들'조차 버젓이 거래되고 있지만, 정신노동의 결과물에 대해서는 상품으로서의 일말의 가치도 인정하지 않는 세상입니다. 거래되어서는 안 될 것과 정당한 값어치가 주어져야 할 것들이 뒤섞여 우리 삶을 근원적으로 피폐시키고 있습니다. 공짜 글 달라는 매체들, 설마 "글이란 돈으로 살 수 없는 공익적, 정신적 가치를 가지니까."라는 헛소리를 늘어놓지는 않겠지요?

공짜 강연은 안 합니다

연초에 이런 '쪽지'를 받았습니다.

쪽지: ○○고등학교 TED 기획팀입니다. 이번 2월에 저희 학교에서 TED를 개최하는데, 강사님을 강연자로 초청하고 싶어서 이렇게 연락드리게 되었습니다.

나: 강연 제안은 감사한데, TED가 뭡니까?

쪽지: 하나의 주제 아래 다양한 강연자들이 자신의 이야기를 하는 행사입니다. '나의 영혼의 울림'이라는 주제로 강사당 30분 강연에 20분간의 질의응답이 있습니다. 오후 4시 반부터 밤 10시 반까지 진행됩니다.

나: 학생들을 상대로 한다니 신선합니다.

이쯤에서 '쪽지와 나'는 의기투합하여 마치 술자리 2차 가듯이 자리를 이메일로 옮겨 프로그램과 커리큘럼을 의욕적으로 점검하며 일사천리로 일을 진행시키는 듯했습니다. 하지만 정작 궁금한 것은 말해 주지 않는 '쪽지' 씨에게 단도직입적으로 물었습니다.

나: 그런데 강연료는 얼마입니까?
쪽지: 애초에 TED는 서로의 지식을 공유한다는 취지여서 강연료는 따로 없구요, 다만 저녁 식사와 간단한 다과가 제공될 예정입니다.

'이런, 말도 안 되는 소리가 있나, 누가 저녁 얻어먹겠다고 6시간을 추위에 떨고 있겠나?'

나: 저는 강연료 없이는 하지 않겠습니다. 그건 연사에 대한 예의가 아닙니다. 붕어빵을 팔아도 재료비가 있는 건데, 지적, 인적, 무형의 자원을, 경우에 따라선 한 사람의 인격과 지혜를 통째로 빌리는 건데 어떻게 수고료를 전혀 책정하지 않을 수 있습니까? 지식 공유 취지라 하셨는데 그 지식은 거저 생겼답니까? 땅 파서 공부했답니까? 그렇게 행사를 진행해서는 안 됩니다. 뜻을 같이하여 동참하겠다는 분들에게는 예외겠지만 저는 사양합니다. 그리고 처음

부터 그 얘기를 했다면 저도 보수 없는 강연을 생각해 보았을 겁니다. 성인도 아닌 학생들 상대이니 보람 있는 일이지만, 강단에 서지 못해 안달 난 사람도 아니고 불쾌하고 자존심 상합니다.
쪽지: (응답 없음)

일이 깨졌기에 하는 말이지만, 다짜고짜 영어를 쓰는 '쪽지'의 태도도 밉상스러웠습니다. 그래서 일부러 TED가 뭐냐고 물었던 것입니다. 인터넷에 나와 있는 정의는 이렇습니다.

미국의 비영리 단체인 TED가 정기적으로 여는 강연회. Technology, Entertainment, Design의 약자. 각 분야에서 세상을 바꿀 아이디어를 전달하는 무대. 동영상으로 제작해 전 세계 사람들에게 무료로 보여줌. 등장 강사는 석학 등 전문가나 저명한 사람, 그 분야에서 창의력이 뛰어난 사람들임.

"취지가 그러하다면 무료 강연을 해 줄 만도 하지 않냐."고 저를 나무랄 독자들도 계실 겁니다. 하지만 그런 식이라면 누군들 자선 행위를 못할 거며, 나아가 자선 단체 만드는 거야 '손 안 대고 누런 코 풀기'지요.
모르긴 해도 미국 TED도 동영상 배포를 무료로 할 뿐 강사들에게 소정의 강연료는 지급할 겁니다. 자기희생 없이 남의 돈, 남의 재능, 남의 시간 가져다가 좋은 일 하는 거야 누가 못하겠습니까. 따라서 학교 측에서 최소한의 강사료를 마련하고 일을 진행해야 옳다는 게 제 생각입니다.

"그래도 우리의 꿈나무, 방황하는 청춘들인데 어지간하면 해 줄 일이지." 하고 저를 '돈독 오른' 여자라 볼 사람도 있겠지요. 그러기에 더 안 된다는 게 제 생각입니다. 강사의 면면을 보니 소위 '문사철' 계통의 인사들이 초청되어 있던데, 자칫 학생들이 이를 안다면 '인문학 쪽으로 나가봤자 공짜 강연이나 다니면서 가난뱅이가 되겠구나.'라는 인식을 심어줄 게 아닙니까.

더구나 주제가 '영혼의 울림'이라면서!

영혼은 밥 안 먹고 울린답니까? 공짜 강연 자꾸 하다 보면 '영혼의 울림'이 '영혼의 신음'이 될 테지요. 몸이 있어야 영혼도 숨을 쉴 것이 아닌가요? 성경에도 우리 몸을 '성전'이라 했습니다.

좋다 만 데다, '열을 받아서' 일전에 썼던 〈공짜 글은 안 씁니다〉를 다시 찾아보았습니다.

그 무렵 국내 유수의 경제 일간지에서 제게 '기명 칼럼'을 제안하면서 대신 원고료는 안 주겠다고 했습니다. '명예와 돈'을 속된 말로 '퉁치기' 하자는 건데, 다른 것보다는 이름을 중히 여기는 글쟁이의 약점을 파고 든 '수작'이라는 생각에 분개했었습니다.

이번에는 또 '공짜 강연은 안 합니다.'라는 글을 쓰면서 요즘 유행하는 '갑질'에 대비시켜 봅니다.

모든 것은 상대적입니다. '갑'은 '을' 없이 존재할 수 없습니다. '갑질'이 있으면 '을질'도 있다는 뜻입니다. '갑질'에만 돌을 던질 것이 아니라 '내 밥줄을 쥐고 있는 사람'이라는 데 주눅이 들어 알아서 기는, 자발적 '을질'을 반성하고 돌아보아야 할 때입니다. '갑을'은 쌍방이 계약관계를 맺는 중립적 용어임에도 언제부턴가 '갑질 을질'로 변색된 데에는 '갑'의 잘못만 있는 게 아니라 '을'도 당당하지 못했습니다.

경력란에 한 줄 추가를 위해서든, 내 글이 활자화되는 환희 때문이든, 내 얼굴, 내 목소리가 전파를 타는 게 황홀해서든 이유야 각각이겠지만 돈 안 받고 해도 불러만 줘도 자랑거리가 되는 풍조, 다른 분야는 몰라도 제가 아는 언론계통의 '알아서 을질'의 한 단면입니다. 그러면서 점차적으로 '무료 원고, 무료 출연'이 관행화, 고착화되는 것이지요.

세상사 모든 원칙이 그렇듯 내 값은 내가 정하는 것입니다. 내가 나를 우습게 보는데 누가 나를 제대로 대접해 주겠습니까. 내가 나를 지키는 한, 상대로부터의 '갑질은 없다.'는 것이 제 주장입니다.

그나저나 왜 말하는 도중에 '꼬랑지'를 말고 달아납니까? 신문사에서는 햇수로 2년째 답신이 없고, '쪽지' 씨는 그 길로 줄행랑쳤습니다. 매우 비겁합니다.

나는야, 조선족 사토라레

얘들아, 〈사토라레〉라는 일본 영화가 있다. 사토라레란 자기 생각이 주변 사람들에게 모두 들리는 사람을 말하는데, 인구 천만 명당 한 명꼴이라고 한다. 영화 얘기다. 하지만 본인은 그 사실을 모른다. 심리적 안정을 위해 사람들이 보호해 주기 때문이지. 이 영화가 갑자기 생각난 건 왜일까. 엄마는 서울에 와서 사토라레가 된 기분이다. 게다가 마음을 다 읽힌다는 약점이 잡혀 보호받기는커녕 조롱을 당하는 '한국형' 사토라레…….

사람들이 엄마 마음을 다 아는 것 같고 그래서 엄마를 놀리는 느낌이 들어. 그렇지 않고서야 어찌 이런 일들이! 몇 차례 '멘붕'과 뒤통수를 맞았고, 지금도 등짝에 칼이 몇 개 꽂혀 있다.

엄마가 한국에서 얻은 별명이 조선족이라고 했지? 엄마에게 '조선족'이란 별명은 '사토라레'의 다른 표현, 허나 같은 뜻이라는 걸 요즘 깨닫는다. 엄마는 지나칠 정도의 역지사지, 타인에 대한 이해와 공감력을 가지려고 억지로 애쓰면서도, 정작 나 자신을 '타자'의 위치에 놓고 역지사지하거나 공감해 주진 못한 것 같다.

내 손톱 밑의 가시는 아예 안 돌보고 남의 염통 썩는 걱정을 너무 많이, 거의 습관적으로 하고 있는 거지. 네 아빠를 비롯해서 주변 사람들을 '무조건' 이해하느라, 호주에서 한국으로 나라를 바꿔 가면서 '무작정' 사람들을 이해하느라, 거의 '사이코 급수'의 사람들한테까지 '이해의 오지랖'을 넓히느라 급기야는 이해 주체인 엄마의 존재가 소실점처럼 사라져 버린 느낌이다.

그래, 그렇긴 해도 사토라레로 당분간 지내 보는 것도 나쁘진 않을 것 같다. 서울에 온 후 엄마는 어떤 경험을 통해서도 배우려는 자세로 살고 있다. 어떤 상처도 경험으로 받아들인다면 성숙과 성장의 거름이 될 수 있으니. 그렇게 말하는 것에서 벌써 엄마가 상처를 무지 받고 있고, 상처로 인해 힘들어 한다는 걸 알 수 있다고?

후덜덜~~

엄마의 마음 소리가 너희들에게도 들려 버렸구나. 엄마는 어쩔 수 없는 사토라레구나….

한국에 온 지 만 1년, 인터넷상의 '무차별 몽둥이'서껀 아주 가까운 사람들에게까지 '린치'를 서너 차례 당한 후 상처 핥는 짐승마냥 '블로그 동굴'에 웅크린 채 시드니의 제 아이들에게 쓴 편지입니다.

차 사고 났을 당시에는 아무렇지도 않은 것 같아 털털 털고 집에 왔는데 시간이 지나면서 여기저기 쑤시고 후유증에 괴로운 것과 비슷한 증상입니다.

불쌍한 처지로 모국에 돌아온 저를 왜 못 잡아먹어서 안달인가요. 좋다고 먼저 다가올 땐 언제고 차갑게 등 돌리는 것으로도 모자라 뒷담화 '까는' 것은 뭐며, 동냥은 못 줘도 쪽박은 깨지 말랬다는데 이 따위 글도 글이냐며 불러다 '쫑코' 주는 출판업자의 태도에는 어떤 의도가 깔린 건지요. 기부터 죽이고 보자는 겁니까. 종로에서 뺨 맞고 저한테 눈 흘기는 사람들은 또 뭔가요.

내 처신에 문제가 있다는 생각, 생각만 해도 신물 납니다. 이미 신물 나게 많이 했으니까요. 설혹 그렇다 해도 사람이 사람에게 그런 식으로 무례하고 잔인해서는 안 되는 겁니다. 주는 대로 받는다는 말도 있지만 저는 그런 식으로 준 적 없습니다.

92년에 한국을 떠나 이 땅과 22년 갭을 가진 '돌포(돌아온 해외동포)'로서 작금 한국의 키워드는 '무관심과 폭력'이라고 정의하고 싶습니다. 무관심이 병균처럼 '잠복'해 있다가 폭력이란 질병이 '창궐'하는 식입니다. 일상에선 그 둘을 '무기력'이라는 두꺼운 껍질이 싸고 '냉소'라는 끈으로 묶어 두고 있습니다.

　가정이라는 가장 작은 울타리에서부터 나라의 테두리를 지킨다는 군대에 이르기까지 기막힌 폭력이 만연해 있으니 공기로 숨을 쉬듯, 매 순간 폭력을 들이마시고 내뱉고 산다고 해도 과언이 아닙니다.

　김해 가출 여고생 살해 사건과 윤일병 사망 기사는 가슴이 오그라들어 끝까지 읽지도 못했고 그 이후 지금까지 아예 신문을 안 봅니다.

　이런 지경이니 20년 전 가치관을 가진, 도통 현실 감각이 떨어지는 어리바리한 '조선족' 하나쯤 갖고 노는 거야 거의 애교 수준이고 놀다가 제자리에 갖다 놓지 않는다 한들 누가 뭐랄까요.

　'나는 너에게, 너는 나에게 잊혀지지 않는 하나의 사토라레'인 것 같은 섬뜩한 느낌, '나는 너에게, 너는 나에게' 약자이자 강자, 갑이자 을이라는 잠재적 폭력관계에 사회적 그물코를 꿰고 있는 한 저처럼 등짝에 칼 몇 개 꽂고 꽂히는 것은 일도 아닐 것입니다.

　사회가 거칠어도 너무 거칩니다.

　누구는 '꽃으로도 때리지 말라.' 하고, 내가 잘 아는 또 다른 누구는 '효자손으로도 때리지 말라.' 했거늘.

내일 일은 난 몰라요

　재물에 관해 물어오는 대중에게 3분의 1은 지금 자신을 위해 쓰고, 또 다른 3분의 1은 앞날을 대비해서 모으고, 나머지 3분의 1은 남을 위해 쓰라고 하신 부처님 말씀이 있습니다.
　보시와 이타적 행위의 중요성을 가르치기 위해 번 돈의 30% 이상을 남을 돕는 데 쓰라 하셨을 테지만 강제 징수 당하는 세금이라면 몰라도 그 정도를 자발적으로 내놓기엔 범부 중생으로선 솔직히 좀 아깝단 생각이 듭니다.
　그런데 하물며 3.3.3 원칙은 고사하고 없는 돈을 미리 끌어다가 남을 위해 썼다면 요즘 같은 세상에선 칭찬보다는 미련하단 소리를 들을 겁니다. 그 미련한 사람이 바로 접니다.
　몇 년째 캄보디아 아이 하나에게 작은 돈을 보내고 있는데 제가 한국에 오래 머무는 바람에 호주에서 자동이체되던 계좌의 잔고가 바닥이 났습니다. 저의 재정 상태로나 변변치 않은 현재 수입으로나 후원금을 계속 내기엔 형편이 도저히 닿지 않아 딴엔 몇 달간 가슴이 탔습니다.

 쓰고 남는 돈은 아니었지만 바깥에서 사 먹는 밥 한 달에 두어 번 정도만 줄이면 호주에서 살 적엔 큰 부담 안 가지고 보낼 수 있었던 액수였습니다. 그 아이는 그 돈으로 깨끗한 물도 마시고 학교도 다닌다며 제게 감사 편지를 보내옵니다. 내겐 대수롭지 않은 돈에 한 어린이의 장래가 걸려 있다는 사실에 '영혼이 담긴 편지'를 받을 때면 제가 도로 황송해집니다. 지금도 시드니 제 집 냉장고에는 까까머리에 검은 얼굴로 유독 흰 이를 드러내며 활짝 웃고 있는 아이의 사진이 붙어 있습니다.

 그러면서도 '혹시, 만약'을 대비해 아이에게 답장을 하지는 않습니다. 혹시, 만약에라도 후원금을 끊게 되거나, 약속을 끝까지 지킬 수 없게 될 때를 생각하여 돈은 힘 되는 데까지 보내 주되 정은 주지 않으려는 얍삽하고 비겁한 속내 탓입니다.

 아이와의 인연은 깊어지고 사정은 이리 딱한데 내 수중에 돈은 없으니 속이 탈 수밖에요. 그러나 어쩝니까.

 '내가 무슨 폐지 모은 돈으로 불우 청소년에 장학금을 기탁하는 독거노인도 아니고, 코제트를 돌보겠노라 여생을 걸고 약속한 장

발장도 아닐 바에야 허세를 부릴 수도 없고, 돈이 없는데 별 수 없지.'라고 생각을 단호하게 접기를 몇 차례, 그러나 며칠이 지나면 또 마음이 달라져서 '너 그렇게 살지 마.' 하며 속에서 야단치는 소리가 들립니다.

'설마 굶어 죽기야 할까, 하긴 몇 끼 굶어도 하는 수 없지, 일단 보내놓고 보자.'며 최종 단안을 내리고 급기야 돈을 보냈습니다. 그러고 나니 체증이 가라앉듯 속은 시원한데 결국 제 은행 잔고에서 한 달치 방세가 비었습니다.

이럴 때 저처럼 교회 다니는 사람들은 하나님께서 다 채워 주신다고 배웠습니다만, 빠진 돈을 메울 길이 없다면 한 달간 길에 나앉거나, 아니면 밥을 구걸하거나, 찬송가 제목처럼 〈내일 일은 난 몰라요〉 상태에 빠졌습니다.

제 경제 사정을 뻔히 아는 지인 및 가족, 친지, 친구 여러분, 지 앞가림도 못하는 주제에 오지랖 넓은 짓을 했다며 혀를 차실 테지요?

걸핏하면 제게 밥을 사 주시는 분, 노상 사 주시는 분, 계절 따라 원족까지 가서 사 주시는 분, 밥 사 주고 테이크아웃 백에 택시비까지 쥐어 주시는 분, 아무나 최소 한 달간 잘 부탁합니다.^^ 일찍이 석가모니 부처님도 재물의 3분의 1은 이웃에게 베풀라 하셨으니.

약간 엄살이지만 벼랑인 줄 알면서도 뛰어내릴 수밖에 없는 극한의 나날을 보내는 요즘, 전에 없던 경험을 합니다. 이 나이에 앞가림에 급급한 극한의 경제적 고통과 할 수만 있다면 쥐라도 한 마리 키우고 싶은 극한의 외로움, 그리고 학력, 미모가 평준화된 처지에서 극한적이며 불투명한 미래 등과 매 순간 마주합니다.

그런데 참 요상한 것은 얼음장 밑으로 찾아오는 봄처럼 전에는 알 수 없었던 어떤 힘이 심지로부터 솟는 것 같고, 그 힘이 진짜 힘으로 느껴진다는 사실입니다. 상처를 딛고 오른 새 살처럼 비로소 세상을 당당하게 대할 수 있을 것 같고, 이제야말로 내가 내 삶의 진짜 주인인 것 같고, 무엇보다 이제는 그 아이의 편지에 답장을 할 수 있을 것 같아집니다.

여유 있을 때는 되레 자신 없던 일-후원금을 끊어야 할 일이 생기면 어쩌나 염려하던 일-이 내 입에 들어갈 밥, 내 일용할 양식을 딱 덜어주고 나니까 오히려 할 수 있을 것 같아지니, 아이러니합니다. 아마도 이 역시 극한의 상황에서 배운 '극한 요법' 덕이겠지요.

그리고 보니 석가모니의 '3분의 1 보시 원칙'도 내 것을 덜 쓰더라도, 내 것을 덜어서라도 나눔과 베품을 일상으로 삼으라는 가르침이 아닐까 싶습니다.

가족 잃은 사람들의 한가위

추석 연휴를 앞두고 이 글을 쓰고 있습니다. '이름 붙은 날' 글 당번이 되면 습관처럼 옛 글을 찾아보게 됩니다.

해마다 이맘때면 태풍이 한차례 지나가지만, 고국은 가을의 정취가 무르익어 갈 때이지요. 계절이 거꾸로 돌아가는 호주는 한국과는 반대로 봄으로 접어들고 있지만 이에는 아랑곳없이 제 마음은 슬그머니 한국의 가을을 서성이고 있습니다.

어찌 된 노릇인지 제 속에는 '거꾸로 가는 또 하나의 시계'가 있어 이민 햇수가 늘어갈수록 고국을 향해 내달리는 마음에 점점 속도가 붙어갑니다.

이곳 호주에서도 해마다 한가위 보름달을 볼 수 있습니다. 한 줄기 서늘한 구름을 거느리고 쪽빛 밤하늘에 휘영청 떠오르는 쟁반 같이 둥근 달은 공해 없이 맑은 하늘 탓인지, 계수나무 옥토끼가 너무나도 선명해서 차라리 서러운 감회를 불러일으킵니다.

'고향 앞으로'를 부르짖으며 길을 나서기 무섭게 주차장을 방불케 하듯 도로를 꽉꽉 메우는 차량 행렬, 가지 수 많은 제수 장만과 친지들 치다꺼리로 골치가 지끈대는 명절 증후군, 빠듯한 휴가 일정 탓에 피곤만 가중된다는 투덜거림 등등, 모두가 함께하고 싶은 그리운 고국의 모습입니다.

올 추석에도 어김없이 찾아올 가슴 한편의 아릿함과 애틋함을 생각하면 여럿이 모여서 옥시글거릴 수 있다는 것만도 그저 부러울 따름입니다.

7년 전 추석을 맞으며 '호주의 보름달'이란 제목으로 이런 글을 썼더군요.

이민 이후 내면에 장착된 '거꾸로 시계'가 연유야 어찌 되었건 작동을 멈추고 고국의 추석을 이태째 맞고 있습니다. 이제는 차라리 '호주의 보름달'이 그립다는 투정 섞인 감정 사치를 부리게 될지도 모릅니다.

말은 그렇게 하지만 호주 동포사회에서는 추석의 의미가 한국보다 크지 않기 때문에 초연한 척할 수 있는 것 같습니다. 아내의 상실, 엄마의 부재가 명절을 맞으며 덧난 상처처럼 도드라진다면 정말 슬프고 고통스런 일일 테니까요.

최근에 가족을 잃어 본 사람들은 압니다.

'이름 붙은 날'이란 떠나간 빈자리를 아프게 기억해야 하는 시간, '머리'로 떠나보낸 과거가 실은 남은 자의 '가슴'에 붙박혀 있었다는 것을 다시금 확인하는 시간이라는 것을.

명절이 다시 기다려지려면, 적어도 고문 같은 기억을 벗고 무덤덤하게 맞아지려면 아주 오래오래 아파야 한다는 것을 최근에 가족을 잃어 본 사람들은 압니다.

지난 4월 세월호 참사 이후 우리 사회는 마치 내전 중인 듯 너무나 참혹하고 어처구니없는 죽음을 잇따라 겪었습니다. 유독 여리고 어린, 창창히 젊은 죽음이 많았기에 남은 자들은 지치고 무력하고 분노하고 우울한 채 매일매일 상실과 맞닥뜨려 왔습니다.

지금 살아 있는 피붙이와 내일 거짓말처럼 이별하면서 조급했던 우리의 성취가 물거품이 되어 사라지는 것에 망연자실했습니다. 대명천지에 어린 것들 하나 지켜 주지 못했고, 젊은 목숨 저렇게 스러질 줄 알았더라면 차라리 신성한 국방의 의무라는 말이나 말지, 그러고도 부끄러운 줄 모르고 비루하고 용렬한 싸움박질을 계속하고 있습니다.

그럼에도 자연은 홀연히 제 갈 길을 갔던가 봅니다. 세상은 이렇게도 불공평하건만 세월은 아랑곳없이 공평하다는 것이 오히려 서럽습니다. 우리에게 주어진 시간조차 사그라지는 듯한 허망함에 몸서리를 치는 동안 세월은 어김없이 흘러 이제 초가을에 다다랐습니다.

올해 추석은 예년과 다릅니다. 아니 달라야 합니다.

처연히 높은 하늘 너머와 무연한 달빛 아래에서 어린 원혼들을 달래며 애곡해야 합니다. 저처럼 호주의 보름달이 그립다는 따위의 자기 연민은 말할 것도 없고, 명절 후유증이 어쩌네 하는 '포시라운' 소리는 입 시늉도 말아야 합니다.

그저 일가붙이 무탈한 것에 고마워하고, 고통의 시간을 보내야 하는 가족 잃은 이웃에 무심한 상처라도 주어서는 안 될 것입니다. 자연처럼 여여하고 숙연하게 추석을 맞을 일입니다. 사람으로부터 상처받은 우리, 자연에게조차 위로받지 못한다면 너무 비참할 테니까요.

"자연은 끊임없이 자신에 대해 말하지만 인간은 자연의 비밀을 알지 못하며, 인간은 자연의 품 안에 살면서도 자연의 이방인"이라고 한 괴테의 말처럼 인간은 서로의 이방인일지라도 자연의 이방인은 되지 않도록, 자연마저 우리를 내치지 않도록 올 한가위에는 달님에게 우리의 생채기를 싸매 달라고 빌어야겠습니다.

가발점에서

도서관에 '처박혀' 있거나 온종일 '방콕'을 하다 저녁 무렵 바깥바람을 쐬러 나갈 때면 마치 어두운 극장에서 거리로 나설 때처럼 일순 뜨악하니 균형 잃은 현실감각에 휘청댑니다.

번다한 '저잣거리'를 '산책'하며 집요하게 달라붙는 골똘한 생각을 흩어버리는 것이 '상책'일 때가 바로 이런 때입니다.

시쳇말로 '아이 쇼핑'이라는 걸 별로 좋아하지 않지만 걸어서 집과 한 시간 거리에 있는 백화점을 이따금 가는 이유도 그래서입니다.

마치 좌뇌와 우뇌 사이의 '뇌들보'가 활성화돼야 감성적 반응과 이성적 판단이 조화롭고 유연하게 조응하듯이, 내 속에 침잠하는 시간과 현실 사이에 괴리가 덜 일어나게 하려면 현대 문명의 총아이자 상징인 백화점을 둘러보는 것도 하나의 수단입니다.

엊그제는 장난기가 슬쩍 동하여 가발 코너에 발길이 멎었습니다. 짧은 커트 스타일인 제 머리에는 아무 가발이나 얹어도 본 머리카락이 비집고 나오거나 어설프게 뭉개진 모양은 아니어서 이것저것 써 보기로 치면 모자 가게보다 훨씬 재미있었습니다.

영화 〈아마데우스〉의 모차르트처럼 거울 앞에 앉아 가발 쓴 내 모습에 깔깔거리며, 관심도 없거니와 상상도 못했던 어마어마한 가격에 놀라는 재미도 있었는데, 진짜 머리카락이냐는 내 궁금증에 중국 여성의 '인모'라는 판매원의 말이 돌아왔습니다.

순간 장난기가 '싸~악' 가시면서 어릴 적 동네를 맴돌던 '고장 난 시계나 머리카락 파이소!'라는 소리가 귓전을 스치며 되살아났습니다.

직접 본 적은 없지만 머리카락 장수의 손아귀에 잡힌 말총머리 처녀의 머리카락이 고무줄에 묶인 채로 '싹둑' 잘려 나가는 어릴 적 상상은 두렵고도 슬펐습니다.

그렇게 잘려진 머리카락이 가발 공장을 거쳐 이른바 구미 선진국에 수출되었다는 건 '가발공장 여공에서 하버드 대학까지'의 주인공 서진규 박사의 자서전 『나는 희망의 증거가 되고 싶다』에서 실감나게 확인할 수 있었습니다.

그런데 그 머리카락이 이제는 가난한 중국 여성들로부터 '채집' 되어 우리나라로 들어오고 있다는 사실이 망연하고 아득하게 다가

왔습니다.

한 묶음의 머리타래를 식구들의 끼닛거리나 몇 푼의 급전으로 바꿔야 하는 절박한 가난의 설움 저편에 그것으로 가체를 만들어 쓰든, 성긴 머리숱을 덧둘렀든 여유와 호사를 누리는 안방마님이나 규수의 존재가 있다는 것이 민망했습니다.

나이 들수록 머리카락이 가늘어지고 '히마리' 없어지는 것에 대비해 젊은 처녀의 탄력 있는 그것으로 만든 가발 하나쯤을 장만해두면 언제나 탐스러운 머리치장을 즐길 수 있다며 과장을 떠는 판매원의 말이, 마치 회춘을 위해 동녀와 동침한다는 돈 많은 늙은 이의 짓거리처럼 망측하게 들렸습니다.

남자들처럼 절실한 필요로 가발을 찾는 경우 말고 멋으로, 재미 삼아 가발 가게를 기웃거린다면 가난한 어린 처녀, 혹은 가족의 생계가 막연한 부녀자들의 서러움과 고달픔 같은 것이 찜찜하게 내 머리에 얹혀 있다는 생각이 한 번쯤은 들어야 할 것 같습니다.

어찌 가발뿐일까요?

머리카락이야 다시 자라면 그만이지만 심지어 열 살도 채 안 된 아동들의 노동력을 착취해서 만든다는 중동 지역의 고급 양탄자, 온종일 카카오를 따고 수확된 카카오가 담긴 무거운 양동이를 운반하며 배 곯고 일해야 하는 아프리카 지역 미성년자들의 '초콜릿'이나, 비슷한 경로로 채취될 커피 농장의 현실은 또 어떤가요.

일상 중에 무심코 대하는 고급스럽고 사치스러운 생활용품, 기호품, 취미용품 중에는 그것을 생산해 낸 이의 땀과 눈물뿐만 아니라 불공평하고 부조리한 세상에 대한 한과 원이 맺혀 있는 것이 부지기수일 것입니다.

그럼에도 잘못된 세상을 바꿀 수 있는 힘이나 그들을 위로하고 희망을 줄 능력이라곤 눈곱만큼도 없으니 무기력한 자신에게 화가 납니다.

다만 나는 커피나 초콜릿을 별로 안 좋아하고, 가발도 안 쓰고, 고급 양탄자는커녕 허접스런 발닦개가 하나 있을 뿐, 이도 없고 저도 없는, 아무튼 가진 게 거의 없으니 그런 걸 만드는 사람들을 덜 괴롭혀서 덜 미안할 따름입니다.

물론 나만 그런 게 아니라 세상 사람들 모두가 나 같다면 그네들이 그 돈이나마 못 벌게 되지 않을까 염려가 안 되는 건 아니지만요.

영혼의 방귀

요즘 제 모습에서 걱정되는 것이 한 가지 있습니다. 시나브로 유머감각을 잃어가고 있다는 점입니다.

참, 한가하기도 하지, 돈 걱정, 건강 걱정, 가족 걱정이라면 모를까, 유머감각이 줄어든 것이 걱정이라니 하며 어이없어 하시거나, 자기가 무슨 유머로 먹고사는 사람이라도 된다고 유머 타령이냐고 하실 분도 있을 겁니다.

어떤 분은 유머감각? 그거 익히는 게 뭐가 어려워. 하루에도 수도 없이 쏟아지는 게 유먼데, 인터넷에서 찾아 외우면 되지. 이렇게 말이야. 가장 짜증나는 개는? 참견. 가장 기특한 개는? 대견. 그럼 가장 위대한 개는? 발견. 이제 됐지? 하실 것 같습니다.

자랑입니다만 저는 원래 '한 유머' 하던 사람입니다. 제가 끼면 저의 입담으로 대부분 '뒤집어'지곤 하기 때문에 자기들을 좀 웃겨 달라고 일부러 저를 부르는 모임도 있을 정도입니다.

그러던 제가 요즘은 어딜 가도 구석 자리에서 존재감 없이 '찌그러'져 있다가 돌아오기 일쑤입니다. 마치 어느 순간 치매기를 알아차리듯 유머감각이 녹슬어 가고 있다는 걸 알아차린 것만도 그나마 다행이라면 다행입니다.

단순히 말을 이리저리 비틀고 자르고 줄이고 늘이고 붙이고 꼬아서 하는 것 말고, 창조적으로 유머를 구사해 보신 분들은 아실 겁니다.

유머란 재기 발랄, 반짝 반짝 기분이 고양되고 의욕이 항진되는, 이른바 약간의 조증(躁症) 상태를 외줄 타듯 유지하면서 활짝 열린 오감으로 주변 상황을 예리한 그물망으로 견인하는 감각을 유지할 때 최고조에 이른다는 것을요. 감수성의 벼린 날 위에서 튕기듯 우쭐우쭐 언어의 춤사위를 긴장도 높게 펼쳐 보여야 한다는 점에서 유머란 예술적 경지와 버금가는 고도의 정신 역동이라는 것을요.

이처럼 창조적 유머는 내면의 기운이 생동하고 몸과 마음이 활기 있게 조응될 때 영혼이 씻음을 받듯 발현되는 것이거늘, 작금 저의 상태는 전폭적으로 '맛이 가도 단단히 간 것' 같습니다. 이러다간 유머감각은커녕 가장 낮은 단계의 정서 자극에조차 둔감, 무감해질까 우려됩니다.

저는 이것을 몸과 마음이 외부와 잘 소통하지 못하면서 마침내 영혼에 더부룩한 가스가 찬 증상이라고 생각합니다. 유머는 '영혼의 상쾌한 방귀' 같은 것인데, 영혼의 '변비'가 심해지니 방귀마저도 시원스레 안 나오는 증상이라고 할까요.

유머 중의 압권은 '나를 가지고 노는 것'이 아닐까 싶은데, 제 경험으로도 나의 결점이나 실수를 우스갯거리로 삼으면 그 자체로 안전하고 인간미를 더할 수 있었습니다.

적절한 예가 될진 모르겠지만, 영국 극작가 버나드 쇼의 묘비명 "I knew if I stayed around long enough, something like this would happen(오래 살다 보면 이런 일[죽음]이 있을 줄 알았지)." 같은 류라 할까요.

그러려면 제 쪽에서 위기 상황을 웃음으로 넘길 만한 마음의 여유가 있고 자신감이 있어야 하는데, 요즘은 남들 앞에서 나를 가지고 놀기는 고사하고 남들이 나를 가지고 놀까 봐 피해의식과 자격지심에 전전긍긍하고 있으니 한심한 노릇입니다. 심리적으로 자꾸 움츠러들고 자기 비하감에 시달리니 제 유머감각이 회생 불가, 급기야 사망 선고에 이른 듯 가슴이 아픕니다.

인간관계의 긴장을 누그러뜨리고 숨겨진 공격성을 완화하는 데는 유머만 한 것이 없습니다. 불합리와 억지, 부조리함을 포용하는 태도, 극한 상황, 밑바닥까지 떨어진 상태에서도 자신을 추스르는 유연성은 유머의 힘에서 나옵니다. 적어도 지금까지 저는 그랬던 것 같습니다. 일종의 삶에 대한 미의식이라고 할까요.

진정한 유머란 생의 '애드립'이기 때문입니다. 좌절, 모욕, 수치, 상실, 자책, 절망 등 방귀로 빠져 나가지 못한 영혼의 독가스에 짓눌려 생 자체가 '잠수를 타' 버리는 것을 막으려면 유연하고 탄력 있는 유머, 즉 침잠하는 나의 서사에 한 방 애드립을 '때려 줘야' 합니다.

말은 이렇게 하면서도 지금 제 삶은 너무 무거워지고 진지해져서 도무지 웃음이 끼어들 여지가 없습니다. 아니, 그렇게 생각하는 제 태도가 문제입니다.

무조건적 자기 사랑, 절대 현실 긍정으로 꿋꿋하게 버티지 못한다면 이대로 영영 유머감각을 잃을지도 모릅니다. 유머는 인생의 역경을 받아들이고 희망을 잃지 않는 태도라는 점에서 유머감각을 잃는다면 저로선 삶을 잃는 일만큼이나 혼란스럽고 두려울 것 같습니다.

너의 목소리를 들려줘

　제 스마트폰에서 MMS(multi-media message service) 수신을 못 받게 된 지 3주째입니다.

　문의를 하니 전화기 이상인 것 같다고 하면서도 호주에서 구입한 것이라 제품에 대한 애프터서비스를 해 줄 수 없답니다. 그렇다고 전화기만 따로 팔지는 않고 통신사에 새로 가입을 해서 플랜 중에 하나를 선택하는 방법 외엔 전화기를 바꿀 길이 없다고 하니 난감합니다.

　MMS 수신 외에는 인터넷 접속이 일절 안 되는 먹통 전화기 주제에 생긴 것만 믿고 스마트한 척하더니 결국 사달이 난 겁니다.

　저는 지금 매우 초조하고 불안하고 아연하고 두렵습니다.

　호흡줄이자 영양줄, 소통줄이자 존재줄, 아니 총체적 생명줄이

절단된 듯한 충격입니다. 한마디로 탯줄 끊긴 태아의 심정입니다.

한국 생활 8개월째, 4.5평 공간, 온종일 전깃불을 켜 놓아야 하는, 낮인지 밤인지 분간할 수 없는 해도 들지 않는 '독방 수인'인 제게, 전화기는 외부와의 유일한 소통구인 '감방의 식구통' 같은 존재입니다.

'모태 솔로' 노총각이 어느 날, 예의 혼자 방에 있는데 아리따운 아가씨 목소리가 또렷하게 들리더랍니다. 화들짝 놀라 사방을 둘러봤지만 아가씨는커녕……. 오랜 시간 너무나 외로운 나머지 급기야 환청이 들리누나 탄식하는 찰나, 여자의 음성이 더욱더 선명하게 귓전을 때리기를, "취사를 시작합니다." 엊그제 산 압력밥솥의 작동 멘트였다는 이야기입니다.

웃자고 한 이야기가 하나도 안 우스운 때가 있지요. 제겐 이 우스갯소리가 그렇습니다.

한국에 온 후 거의 3일 내리 아무하고도 말을 섞지 못하는 상황이 일상 현실이 되었습니다. 단, 식당에서 밥을 사 먹게 된다면 주문할 때 한마디 정도는 할 수 있습니다. 가령, "비빔밥 주세요." 같은. 이 한 문장이 사흘 동안 뱉은 말의 전부라는 뜻입니다.

프로이트의 정신분석 요법 중에 말하기 치료(talking cure)가 있듯이 말을 못하는 것은 그 자체로 죽음에 이르는 병입니다. 죄수들에게 독방 감금이 가장 큰 형벌이듯이요. 이런 지경에서 저는 문자음 환청을 진짜 들을 때도 있습니다.

도스토예프스키의 『지하 생활자의 수기』처럼 '독방 생활자의 수기'라도 써야 할 것 같다는 저의 '말고픔'의 절박함에 지인이 이렇게 대꾸해서 벌컥 화를 낸 적도 있습니다.

"지난 3일 연짱 암말도 못 했슈⋯."

"말하는 걸 좋아하나 봐."

"사흘 굶은 사람이 배고파 죽겠다는데 '먹는 걸 좋아하나 봐.'라고 할 수 있는 건가요?"

언감생심 통화는 바라지도 않고 그간 친구와 지인들의 안부 문자가 외로움으로 실신 지경의 저를 매 순간 살려 냈다는 것이 한 치의 가감 없는 진심입니다. '압력 밥솥 아가씨'에 홀린 '모태 솔로'처럼 문자 메시지 송신음에 목숨을 걸고 사는 제게 전화기 고장은 청천벽력이 아닐 수 없습니다. 오호통재로다!

그나마 정신이 약간 수습된 지금, '문자가 안 되면 전화를 하면 될 거 아냐?'라는 데 생각이 미칩니다. 죄다 벙어리도 아니고 말로 하면 될 것을 왜 모두들 엄지손가락만 놀리냔 말입니다.

"부엌에 시래기 내놓은 것, 저녁에 먹게 좀 삶아 놔라. 미리 쌀 씻어서 제때 밥도 좀 해 놓고. 알았어? 그렇게 늦지는 않는다니까."

"이제 한 정거장 남았어. 조금만 더 기다려. 추운데 바깥에 나와 있지 말고, 한 5분 늦겠다."

"아, 글쎄 그래 봐야 소용없어, 병원을 가는 게 낫지……."

지난 한 달간 버스, 지하철, 거리 등등 어디에서나 다른 사람들의 이야기를 듣지 않으려야 않을 수 없는 처지에서 꼬박 지냈습니다. 넘쳐나는 핸드폰 통화로 제 귓바퀴는 남의 말을 주워 담기 바빴습니다.

6년 전 이맘때 한국에 다니러 와서 쓴 글입니다. 그때만 해도 휴대전화기의 주기능이 '말을 주고받는 것'에 있었다는 것에 격세지감을 느낍니다.

찾아가서 얼굴 보고 서로 온기 나누며 할 이야기를 전화 한 통화로 '달랑' 해결해 버리는 '인정머리 없는 세태'를 탄한 적이 엊그제 같습니다. 하지만 요즘은 전화만 해도 여간 정성이 아닌 세상이 되어 버렸습니다. 어지간한 연락이나 안부는 모두 문자로 해 버리니까요. 문자 메시지의 효율적 기능을 모르지 않고, 또한 통화를 할 수 없는 상황이 있지만 문자에 길들여지다 보니 선뜻 전화하기가 어색하고 망설여질 때가 있습니다.

이런 연유로 좀 과장하자면 저는 요즘 생사의 기로에 선 느낌입니다.

MMS 보내기가 안 되는 제게 귀찮아진 지인들이 이참에 연락을 끊을 것인지, 아니면 대신 전화를 주어 '말 아사(餓死) 상태'에 놓인 저를 구원해 줄 것인지, 마치 〈노란 손수건〉 이야기에 나오는 전과자처럼 조마조마한 심정으로 '처분'만 바라고 있습니다.

"목소리를 들려 달라."며 아첨을 떠는 게 고작일 뿐, 감방 식구 통 문은 밖에서만 여닫을 수 있는 것처럼 외부와의 소통에 관한 한 외돌토리인 저로선 선택의 여지가 없기 때문입니다.

더위조차 더위 먹었던 지난 더위

24/33, 25/33, 23/34, 24/35, 26/33······.

오해 마시길. 나열된 숫자는 미인대회 후보자들의 허리와 엉덩이, 혹은 가슴 사이즈가 아니니까요. 이 숫자는 2013년 8월 한 달간, 전국적으로 요지부동이던 여름 최저, 최고 기온 표시입니다. 물론 지역에 따라 38, 39도까지 올라간 곳도 있었지만요. 이쯤 되면 더위조차 더위를 먹었다고 해야 할지요.

'설마 오늘은, 혹여 내일은, 그래도 모레는, 그렇다면 글피는, 아무려면 주말에는······.'을 되뇌며 폭염이 조금이라도 누그러지기를 오매불망했건만 8월 내내 숫제 고정된 '미인 사이즈'는 괴로움 정도가 아니라 적개심과 절망감, 공포심과 좌절감마저 느끼게 했습니다.

이민 생활 21년 만에 '여름 한국'은 처음으로, 인천공항에 발을 디디는 순간, '모국은 마치 내전 중'인 것 같은 혹독함으로 다가왔습니다. 그랬습니다. 그건 분명 전쟁이었습니다. 더위와의 처절한 전쟁. 실제로 여름 혹서에 목숨을 잃은 사람은 전쟁 중에 희생된 것과 다를 바 없을 테니까요.

한국과 계절이 반대인 남반구 호주의 겨울에서 갑자기 북반구의 여름으로 체감 상황이 백팔십도 바뀐 데다, 더위는 적응되는 게 아니라는 지인의 말을 기억한 순간부터 지레 포기하고 다만 하루하루를 견디며 지금에 이르렀습니다.

설상가상 전력난으로 냉방조차 한껏 할 수 없으니 '있는 사람, 없는 사람' 구분 없이 그악스러운 더위에 시달리며 폭염은 어느 새 '공공의 적'이 되어 갔습니다. 입을 열면 더위 인사고, 굳이 입을 안 열어도 '지 알고 내 아는' 공통의 고통이 있기에 넓고 빠른 공감대를 형성하면서 말입니다.

계층 간, 지역 간, 세대 간 갈등이나 내홍(內訌)조차도 더위 앞에는 녹아내린 듯 오직 무더위에 살아남는 것만이 국민적 해결과 제이자 공동 관심사가 되어, 같은 불볕을 정수리에 이고 있다는 것만으로 모종의 유대감 또는 일체감을 자아내는 것 같았다고 할까요.

낮 시간보다 더한 밤의 지열, 시척지근한 악취를 풍기며 썩어

가는 음식물 쓰레기, 숨조차 턱턱 막히는 출퇴근 시간대의 지하철 환승역, 휴식 없이 뒤척이는 불면의 열대야 등을 마치 전장의 사선 넘듯 함께 넘어야 했기에.

한데서 일하는 사람들의 고생이야 말할 것도 없지만 건물 안이라 해도 병원이든, 은행이든, 관공서든 그다지 시원한 곳이 없었으니, 여북하면 시내버스를 타고 일없이 한 바퀴 돌면서 피서를 삼았다는 사람들이 그렇게 많았을까요. 버스 안이 제일 시원한 곳이라 그리 했다는 것인데, 시내버스의 환승 제도 덕에 저 역시 도저히 견딜 수 없을 때는 아무 버스에나 일단 몸을 실은 후 얼추 땀이 식으면 내려서 가던 길을 마저 가곤 했습니다. 모국에서의 21년 만의 한여름을 땀에 젖다 못해 불린 채 '삶은 시래기' 꼴로 그렇게 오롯이 통과한 것입니다.

20/27, 20/28, 18/28, 17/27…….

이건 또 무슨 숫자인가요. 미인의 '빵빵하던' 몸매가 갑자기 빈약해진 걸까요. 그게 아닙니다. 엊그제 확인한 8월 말과 9월 초의 예상기온입니다. 낮 최고 기온에서 '30'이란 숫자가 사라졌습니다. 믿기지 않을 정도로 반갑습니다. 게다가 이제 아침 최저 기온은 20도 안팎으로 떨어진다니 드디어 더위가 퇴각을 하려는 모양입니다. 지인은 여름이 되돌아올까 무서워 가만 숨죽이고 차라리 모른 척해야겠다고 하지만 아무래도 전쟁은 끝난 것 같습니다. 적어도 내년 여름까지는 휴전입니다.

어젯밤에는 올여름 들어 처음으로 모기를 봤습니다. 너무 더우면 모기도 없다니 그 말대로라면 확실히 날씨가 누그러진 것입니다. 그러니 모기조차 반가울 밖에요. 창을 스치는 바람이 확연히 서늘해졌습니다. 더위 저도 할 만큼 했으니 제풀에 지치게도 생겼지 않나요. 물러나려고 들면 성큼성큼 물러날 것입니다. 우리 모두 참 고생 많았습니다. 그리고 살아남았습니다. 모처럼 보송한 얼굴을 하고 익숙한 시구를 떠올려 봅니다.

'바람이 분다, 살.아.야.겠.다.'

저는 살아야겠습니다

 매년 첫 글을 쓸 때면 정화수를 앞에 둔 지신심(至信心)처럼 정신을 집중하고 마음을 오롯이 하게 됩니다. 새해 첫 글로 마음을 공글리며 1년간의 글을 통해 저 자신의 성품이 다듬어질 수 있기를 결의하는 순간이기 때문입니다.
 그 지난한 몸짓을 돌이켜보면 '글이 곧 그 사람'이라는 믿음을 스스로에게 심고 싶어서였던 것 같습니다. 그게 아니라면 글 쓰는 일이란 얼마나 헛헛한 도로(徒勞)일까요.
 국가나 정당, 단체나 언론 들은 새해 벽두에 한 해의 키워드를 선정합니다. 올해 중앙일보는 '청년'과 '노인'을 어젠다 핵심어로 택했고, 교수들은 2014년 희망 사자성어로 '전미개오(轉迷開悟)'를 꼽았다고 하지요. '미혹(迷惑)에서 돌아 나와 깨달음을 얻자.'는 뜻이랍니다.

　새해 저도 자신에게 키워드를 하나 주자면 '소통'으로 하고 싶습니다. '소통'의 의미는 '막히지 아니하고 잘 통함'입니다. 저 스스로 골랐고 남이 아닌 자신에게 적용하려는 것이니 진부함에 대한 조소나 냉소, 저항에 부딪힐 일 없이 한 해 동안 마음에 담고 실천해 보려고 합니다. 앞서 말한 '글이 곧 그 사람'이기 위한 노력에도 닿아 있습니다.

　그럼에도 왜 하필 '소통'인가, 자문해 봅니다.

　지난해 12월의 대부분을, 그리고 그믐께와 그믐을 좁은 원룸에서 혼자 지냈습니다. 지인들과 몇 통의 의례적인 문자 메시지를 주고받았지만 두문불출, 묵은해가 가고 새해가 오는 교차점을 부러 무심히 넘겼습니다.

　SNS도 차단하고 그나마 TV도 없으니 '동굴' 같은 원룸 속에서 바깥 세계와는 완전히 단절된 불통의 시공간을 끌어안아야 했습니다. 20년 넘게 남반구의 한여름 세모에 익숙해 있다가 한국에서 맞는 북반구의 겨울 세모는 그 자체로도 낯설었기에 '혼자'라는 아픔에 살얼음의 생채기를 더하는 것 같았습니다.

　지난해 저는 한 해의 중턱에서 생애 가장 소중했던 관계의 단절을 경험했고, 그 와중에 유의미하게 다가왔던 크고 작은 '소통'들도 연말께 제풀에 잦아들듯 막을 내렸습니다. 한마디로 작금양년

(昨今兩年)은 제 생애 최고의 '불통기'입니다.

어두운 동굴처럼 꽉 막힌 상태, 숨 막히는 고독, 흑백의 극단성, 생각의 경직, 마음의 경화 현상을 시시때때로 마주하며 극치의 불통의 시기를 지나고 있는 중입니다.

조금 과장하자면 바닥을 친 자존감과 외부로 향하는 긍정 에너지의 차단에서 오는 사랑의 퇴행, 정체된 삶의 짓눌림에 더께 진 상처는 무게로 치자면 차라리 죽음이 가볍다 할 정도입니다.

이처럼 생애 전체를 집어삼킬 듯한 '불통의 아가리'를 젖 먹던 힘까지 끌어올려 밀어젖힌 후 새해 새 아침, '소통'을 선택한 자신의 음전함이 고마울 따름입니다. '소통'이란 아무리 어둡고 길어도 반드시 끝이 있기에 언젠가는 빠져나오게 되는 '터널'과 같습니다. 상처를 핥으며 웅크리고 신음하기 십상인 불통의 '동굴'이 아니란 뜻입니다.

'자살'을 거꾸로 하면 '살자'이고 영어에서 'solitary(고독)'는 'solidary(연대)'와 헷갈릴 정도로 철자가 비슷합니다.

지금은 도무지 믿어지지 않지만 고통 속에 성장이 있고 애도의 터널 끝에 새로운 삶의 희열이 기다리고 있을 것입니다. 오늘의 오욕이 내일의 영명을 이미 보장했다고 믿으며 입술을 깨무는 시간입니다. 문제는 결단이며 용기입니다. 순간순간 불통의 유혹을 떨쳐 내고 소통을 선택할 수 있는 용기와 결단 말입니다. 포기와 상실의 결단까지를 포함하여 말입니다.

  막히지 아니하고 잘 통한다는 것은 곧 생명을 의미합니다. 생명이란 언제나 흘러감이며 고임이나 막힘이 없는 순환 현상을 뜻합니다. 어둠의 터널을 지나 쉴 만한 물가에 다다를 때까지, 안간힘을 다해 '통'을 유지할 일입니다. 막히면 죽고 통하면 삽니다. 저는 살아야겠습니다. 그러기에 매 순간 '죽어도' 생명을 택할 것입니다.

PART ❷

배려

글 쓰는 여자, 밥 짓는 여자

서울에 머무는 동안 친정 조카들한테서 얻어 쓰고 있는 컴퓨터가 무슨 이유에선지 'ㅃ ㅉ ㄸ ㄲ ㅆ' 등 된소리를 못 내는 통에 지금은 피시방에서 글을 쓰고 있습니다.

갑자기 '된소리'를 못하니 '된서리'를 맞아 못 먹게 된 푸성귀처럼 이렇게 말해도 안 되고 저렇게 표현해도 말이 안 되는, 된소리 없이는 한 문장도 완성하기가 몹시 어렵다는 걸 알게 되었습니다. 나사 빠진 사람처럼 어리숙하고 얼뜨고 바보 같고 답답해서 자다가 매번 남의 다리를 긁는 느낌입니다.

'아빠'는 '아바' 대신 '아버지'라 할 수 있지만, '빨리빨리' 할 것을 '발리발리'라고 하니 '빠른 감'이 하나도 안 옵니다. '때문에'를 '대문에'라 하고 '똘똘' 뭉칠 것도 '돌돌' 뭉칠 수밖에 없습니다. '오바의 달'은 '오빠의 딸'로 문맥상 새겨들어 줄 것을 호소합니다.

무엇보다 오랜만에 한국에 왔으니 호주에 사는 지인들에게 눈부신 서울의 모습을 전하고 싶은데 '우둑우둑' 선 빌딩, '비가번적'한 거리 등, 나사 '바진' 소리만 '자구자구' 하게 되니 미칠 노릇입니다. 이 지경이니 된소리 없이 전할 수 있는 말은 '자장면'뿐인 것 같습니다. 그조차 '짜장면'도 맞는 말이라는 전제하에 그렇지만.

저의 고충 아닌 고충을 전해들은 한 지인은 '야, 이 나븐 놈아, 대려죽일 녀석, 돼지 새기, 덕두거비'라는 말을 나열하며 가만 보니 욕 중에서 유독 된소리가 많다는 사실을 새삼 발견했다고 합니다. 그분은 그래도 미끄러운 눈길에 '꽈당' 넘어지지 않고 '과당' 넘어진다면 덜 아프고 덜 다칠 거라고 저를 위로했습니다.

그러고 보니 짜고 매운 자극성 음식처럼 우리말의 된소리도 밍밍한 말에 자극을 주고 맛을 내는 역할을 하나 봅니다.

간기 없는 맹탕 같기도 하고, 벙어리장갑 낀 손이나 김 서린 안경 너머의 감각 같기도 한 된소리 없는 자판을 두드린 지 어언 한 달, 이 없으면 잇몸이라고 된소리를 되도록 피하기 위해 같은 의미, 유사한 뜻을 담은 단어와 표현을 찾아 쓰려고 애를 쓰게 됩니다.

'빼라' 할 것을 '지우라'고 하거나 '나 때문에' 할 것을 '나로 인해' 따위로 표현하면서 어휘도 다양해졌지만 글에서 된소리가 사라지면서 시나브로 '경화'된 마음도 부드럽게 풀어지는 걸 경험합니다.

말이 순화되자 심성도 착해졌다고 할까요, 부들부들해진 마음이 꼭 노점에서 파는 버터구이 오징어나 눌러 놓은 문어 다리 맛 같습니다. 합죽 할멈 입속의 삭은 밥알처럼 무력하지만 폭신폭신한 세계가 내면에 새로 들어차는 느낌도 있구요.

 이번에 낸 책의 제목은 '글 쓰는 여자, 밥 짓는 여자'입니다. 처음에는 책 제목이 마음에 들지 않아 출판사와 설왕설래를 했더랬습니다. '밥 짓는 여자'라는 말이 싫었던 것입니다. '집에서 밥이나 하는 아줌마가 아닌, 그럴듯하고 고상한 캐릭터를 가진 여자의 글'로 보이고 싶은 허황된 심리가 제 속에 있었던가 봅니다. 내심 '흥, 날 뭘로 보길래, 내가 왜 밥하는 여자야?'라며 뾰로통하니 심사가 꼬인 거지요.

 그러다 이제는 그 제목이 좋아졌는데, 곰곰 생각해 보면 '된소리'의 영향이 아닌가 싶습니다.

 글에서 된소리가 빠지면서 마음까지 착해지고 순해진 느낌이 들었던 것처럼 겸손한 마음으로 책의 제목을 받아들이게 된 것입니다. 있는 척, 아는 척, 잘난 척 뻐기고 싶었던 '마음 속 된소리'가 힘을 잃고 잦아든 탓입니다.

 '밥'이란 실상 '삶'이 아닌가요? 한 끼니의 밥을 얻기 위해 일평생 고생하며 흘린 눈물이 얼마이며, 밥 한 그릇에 팔아 버린 양심과 저버린 책무, 외면한 진실은 또 얼마인가요. 신산하고 고단한 삶이든 허풍스레 탐욕적인 삶이든 결국 '밥', 그 이상의 사연을 담지는 못할 것입니다.

무엇보다 '밥'은 밋밋하나 소중한 일상이며 애면글면 이어 가는 생명의 원천입니다. 더구나 단순히 밥을 '하는' 게 아니라 '짓는' 일임에야……

밥을 '짓는' 일은 삶을 '짓고' 생을 '짓는' 일이니까요. 자기 생을 '지어가는' 사람은 본능과 감정에 끄들리며 되는 대로 '반응하는' 사람이 아닐 테지요. 애초 설계도면을 바탕으로 세워진 집과 마구잡이로 얽은 움막이 같을 수 없듯이 밥을 '하는' 일과 '짓는' 일도 그처럼 엄연히 구분될 것입니다.

책 제목에 나름의 의미를 부여하니 마음에 들지 않았던 제목이 오히려 과분하게 느껴집니다. 내 삶, 내 생인 '밥'을 지금까지 제대로 지어 왔나 하는 부끄러운 성찰을 해 봅니다. 행여 글 쓰는 여자는 못 된다 해도 죽을 때까지 '밥 짓는' 여자로는 살아야겠다는 속다짐과 함께 말입니다.

등 좀 밀어 주실래요?

한국에 올 때마다 최소 한두 번은 가는 곳이 대중목욕탕입니다. 호주에는 없는 독특한 모국 체험 가운데 '대중탕 투어'를 빼놓을 수 없기 때문입니다. 지난 9월 날씨가 선선해지기 무섭게 이번에도 예의 벼르던 동네 목욕탕을 찾았습니다.

추석 명절 스트레스 풀기 수다를 떠는 부인네들 틈에 앉아 몸을 닦는데 "등 좀 밀어 주실래요?" 하며, 가까이 앉았던 내 또래 여자 하나가 머뭇대며 내게 등을 돌렸습니다.

만원 지하철을 어떻게든 비집고 올라타려고 뒤에 있는 사람에게 '등 좀 밀어 달라.'는 소리는 들어 봤어도 목욕탕에서 서로 등 밀자는 사람을 본 것은 내 경험으론 족히 10년도 더 된 것 같았습니다. 더구나 요즘처럼 단순히 때를 밀 목적으로 대중탕을 찾지는 않는 세상에서 '등을 밀어 달라, 같이 등을 밀자.'는 말이 신선하다 못해 충격이었다고 해야 할지요.

모르긴 몰라도 어렵사리 말을 꺼냈을 그 여자의 마음을 헤아려, 돌려 앉은 어깨 너머로 건네주는 그의 '이태리타월' 대신 내 것을 사용하겠다며 일부러 친근하게 굴었습니다.

실로 얼마 만인지, 생판 모르는 남의 몸에 손을 대 보는 것이.

김 서린 목욕탕에서 자기 등을 맡길 상대를 '눈으로, 감으로' 찾아 서로 '짝짓기'를 하고, 그리하여 '자기 짝'에게 '등짝'을 맡기고 있는 짧은 동안이지만 그 사람의 마음 씀씀이, 성품까지도 얼핏 느끼며 서로의 몸을 '더듬은' 사람들 간에 형성된 묘한 유대감, '커플'들의 공감대로 인간적 훈김이 돌던 '그때 그 시절'의 대중목욕탕 정서가 순식간에 되살아나는 듯했습니다.

명절 전이나 섣달그믐께 앉을 자리도 없이 붐비던 대중탕에서 서로 등을 밀어 주던 일이 이제는 서민의 풍속도나 무슨 퍼포먼스처럼 아득하기에 옛 기억에 대한 아스라함이 마치 등의 때처럼 밀려나왔다고 할까요.

어깻죽지로, 팔뚝으로, 허리 밑 엉치로 닿는 도타운 손길, 비누 거품 낸 때수건의 부푼 듯 깔깔한 감촉, 자극으로 얼얼하고 화해진 몸에 끼얹는 맞춤한 온도의 물, 발그레한 얼굴로 건네는 고맙다는 인사, 혹시나 미흡했을까 상대의 표정을 살피는 배려 섞인

소심함 등, 그것은 단순 때밀기가 아닌, 함께 뭔가를 나눈 자들만이 느낄 수 있는 은밀하면서도 무방비한 교감, 사람의 훈기, 삶의 향기였던 것입니다.

'대중탕 등 밀기'와의 뜻밖의 조우는 남과 몸이 닿는 일에 대한 본능적 불쾌감과 무근거한 경계심의 촉수를 누그러뜨리며 마치 단단한 덩어리가 묽게 풀려 나가듯 나와 타자 간의 요지부동한 심리적 경계선이 흐려지는 경험이었습니다.

어라, 게다가 그 여자가 샴푸를 좀 써도 되겠느냐며 처음과 달리 이번에는 서슴없이 말을 걸어 왔지 않겠습니까. 등을 밀어 주면서 은연 중, 무언 중 제게 마음이 열렸다는 뜻이겠지요. 모처럼 드물게 고마운 일입니다.

이뿐만이 아닙니다. '등 밀기 8000원' 요금표를 보니 돈도 굳지 않았나 말이죠.

언제부턴가 버스 안에서 앉은 사람이 서 있는 사람의 가방을 받아주는 일도 금기로 굳어져 버린 이 시대, 타인과 소통할 기미를 보일 여하한 체온 교환, 심리적 유대는커녕 가방 귀퉁이도 허용치 않는 철저한 차단과 접근 금지의 무의식적 몸짓이 우리 삶을 더욱 팍팍하게 하고 있습니다.

그렇게 살다가 남의 몸이 닿는 최초의 경험을 체벌이나 폭행, 더 극단적으로 말해 성추행이나 성폭력으로 맞닥뜨리게 된다면……, 아, 그건 아닙니다. 생각이 너무 비약되었습니다.

하여튼 기회 있을 때마다 서로의 몸을 더듬어 보고 보듬어 볼 일입니다. 타인의 몸에 내 몸을 부딪혀 볼 일입니다. 이웃과 타인에 대한 막연한 경계심, 습관적 무관심을 내 쪽에서 먼저 덜어 내는 습관을 길러 볼 일입니다.

사람은 사람 속에서 서로 부대끼며 온기를 나누며 관계를 맺어 가며 살아야 하는 존재이기에. 마른 땅에 꽂힌 송곳처럼 언제까지나 옹송거리며 위태하게 혼자 서 있을 수는 없는 일이기에. 타자와의 연결 고리와 공동체 정서의 회복과 치유를 간단없이 모색해야 하는 이유도 거기에 있습니다. 타인 접근 금지의 빗장을 풀고 대중탕에서 서로의 등 밀어 주기 부활을 제안하는 바입니다.

한산도 제승당 나비 구조 사건

한국에 머물며 지난주 통영을 거쳐 한산도 제승당을 찾았습니다. 8월의 한낮, 폭염 속 제승당 활터 주변은 적막감이 지나쳐 낮은 긴장감마저 일으켰습니다.

어쩌면 무심코 올려다본 단청 모서리에 작은 나비 한 마리가 거미줄에 걸려 파닥이고 있었던 것이 긴장감의 실체였는지도 모르겠습니다.

사위가 워낙 고즈넉했기에 처절한 날갯짓과 더불어 공포로 할딱이는 나비의 심장소리조차 들릴 듯 했지만 끈적이는 거미줄에서 벗어나려 뒤챌수록 다만 옥죄어들 뿐, 자기 몸부림에 지레 사색이 될 지경입니다. 살고자 하는 작은 나비의 본능적 몸짓은 미구에 닥칠 죽음 앞에서야 끝이 나게 생겼습니다. 거미는 여유롭게 상황을 지켜보며 한 번씩 줄을 당기듯 제 줄에서 우쭐우쭐 탄력을 받습니다.

그 상황에서 동행과 저는 진지해졌습니다. 저걸 어쩔 것인가. 나비를 살려 줄 것인가 아니면 그대로 둘 것인가. 나비를 살리자니 거미가 울고, 거미를 좋게 하자니 나비가 죽게 생겼기에 말입니다.

하찮은 미물 간의 일이라고 장난삼아 한 말만은 아닙니다. 거미의 '줄'이나 나비의 '날갯짓'은 둘의 생존이 걸린 실존적 상황이라는 것과, 먹고 먹히는 사슬에 대한 엄연한 질서를 인정했기에 시작된 갈등이었습니다. 우리는 나비에 대한 연민의 감정과 거미에 대한 염오감을 배제한 채 저 둘 사이에 개입해야지 말지를, 개입하게 된다면 우리 자신에게 어떤 당위성을 부여할지를 잠시 고민했습니다.

동행은 마침 긴 우산을 가지고 있었습니다. 예측할 수 없는 여름 소나기에 대비한 것이었지만 하늘은 쨍쨍하기만 해 이따금 양산인 양 펼치기는 했어도 실상은 거추장스러워진 상태였습니다.

하지만 '나비를 살려 주자.'는 쪽으로 정황이 몰리기 시작한 결정적 동기가 우산에 있었으니, "살려 주고 싶어도 팔 길이로는 단청에 닿을 수 없으니 장대같이 긴 이 우산이 없었다면 생각뿐이지 않았겠냐."는 게 동행이 지적한 포인트였으니까요.

굳이 가져올 필요가 없었던 우산에 이르기까지 상황을 되짚어, 하필 나비와 거미의 숨 막히는 숙명적 구도에 우리의 눈길이 간

것, 제승당 '저 정자'가 아닌, '이 정자'에 발길이 닿은 것, 타이밍 맞추어 그 시간에 통영에서 배를 타고 한산도로 들어온 것까지 거슬러 올라가니 이번만은 나비를 살려야 한다는 자연스런, 그러나 필연적 결론에 도달하게 되었던 것입니다.

동행이 우산을 치켜들고 날개에 엉킨 거미줄을 훌쩍 걷자 언제 그랬냐는 듯 나비는 이내 자유의 몸이 되어 가뿐히 날아갑니다. 자신을 살리기 위해 머리 맞댄 또 다른 '피조물'의 존재를 알 턱이 없을 테니 거미줄에 걸려든 것도, 일촉즉발 목숨을 건진 것도 제 알 바 아닐 것입니다.

나 자신을 포함하여 모든 '피조물'들도 순간순간 더 높은 존재의 자비로운 손길, 측은지심에 깃대어 지금까지 생명을 부지하고 있건만, 막 살아 날아간 저 나비처럼 그 존재를 알 수도 없고 알려고도 하지 않는지 모르겠습니다. 그 순간 우리를 만남으로써 기적을 체험한 나비처럼 우리가 지금 이렇게 살아 있는 것도 누군가가 베푼 기적의 산물인지 모릅니다.

그러나 그런 사유는 나비에게 치우친 것이니 배를 곯게 된 거미로서는 억울한 일이자 우리로선 미안한 일이겠지요.

그래서 그보다는 반칠환의 시 〈먹은 죄〉를 떠올려 보는 것이 상황에 더 맞을 것 같습니다.

시인의 말처럼 다 그 '먹은 죄' 때문에 우리 모두는 서로 정죄할 수도, 서로 용서하지 않을 수도 없을 것입니다. 아니, 어쩌면 '먹은 죄'라고 할 것도 없을지 모릅니다. 다만 살려고 그리 했을 뿐이라면 그게 무슨 죄겠습니까. 부정하고 부인하고 모함하고 변덕 부리고 변명하고 합리화하고 안면몰수하고 뒤통수 치고, 용렬하고 비겁한들 다 자기 살려고 한 짓인데 그게 무슨 죄가 되겠냔 말입니다. 한없이 슬퍼도 적막한, 그저 인간사일 뿐일 테니까요.

새끼들에게 줄 풀벌레 잡아오던
지빠귀를 새매가 나꾸어 갔다
가까스로 허물 벗은 날개 말리던
잠자리를 물총새가 꿀꺽 삼켜 버렸다
오전에 돋은 새싹을 다람쥐가 갉아먹는다
그러나 어느 유족도 복수를 꿈꾸지 않는다
다 먹은 죄가 있기 때문이다
한없이 슬퍼도 적막한, 푸른 숲 속의 일이다

– 반칠환, 〈먹은 죄〉

무재칠시

실로 얼마 만에 들어보는지요. 세밑, 거리마다 절렁거리는 구세군 자선냄비 종소리 말입니다. 한국에 체류 중인 지금, 30도를 육박하는 남반구의 한여름 세모가 아닌, 북반구의 겨울 세모만으로도 정취가 남다른데 모처럼 듣는 자선냄비 종소리라니요.

그러던 것이 한 달쯤 지나자 듣기 좋기는커녕 불편하다 못해 부담스러워져 버렸습니다. 소리만 부담스러워진 게 아니라 빨간 냄비도, 종을 치는 구세군 사람들을 보는 것도 부담스럽기만 합니다.

그래서 요즘은 자선냄비가 있는 곳을 에둘러 다닙니다. 나만 그러면 좀 좋으련만 다른 사람들도 피해 다니는 것 같습니다. 발 디딜 틈 없이 인파로 복작대는 곳에서도 자선냄비 주변은 원형 탈모 증상처럼 둥글게 비어 있으니 말입니다.

행여 자선을 행하는 자들의 행보에 불편을 끼치지 않으려는 배려인가도 싶었지만 그건 아닌 것 같습니다. 자선냄비에 돈을 넣는 사람을 별로 못 봤기 때문이지요.

구세군 냄비를 처음 본 날, 저는 얼마간의 기부를 했습니다. 이후 모금하는 구세군 분들을 기운 나게 하려고 돈을 작은 단위로 쪼개서 여기저기 분산해 넣었습니다. 그래 봤자 '코끼리 비스킷'이라는 걸 며칠 만에 알게 되었지만요. 자선냄비는 수없이 많고 내가 가진 돈은 너무 적었으니 말입니다. 그러고는 지금까지 자선냄비를 피해 다니고 있는 중입니다. 스스로가 부끄럽고 치사하게 느껴집니다.

어떤 이가 석가모니를 찾아가 호소했습니다.

"저는 하는 일마다 제대로 되는 게 없으니 도대체 무슨 연유일까요?"

"그것은 남에게 베풀지 않았기 때문이니라."

"저는 아무것도 가진 게 없는 빈털터리입니다. 남에게 주려야 줄 것이 없습니다."

석가모니는 "그렇지 않느니라."며 이렇게 설법했습니다.

"아무것도 가진 것이 없다 해도 남에게 줄 수 있는 일곱 가지는 있는 법이다. 첫째는 화안시(和顔施), 얼굴에 화색을 띠고 부드럽고 정다운 얼굴로 남을 대하는 것이요, 둘째는 언시(言施), 말로써 얼마든지 베풀 수 있으니 사랑의 말, 칭찬의 말, 위로의 말, 격려의 말, 양보의 말, 부드러운 말을 나누는 것이다. 셋째는 심시(心施), 마음의 문을 열고 따뜻한 마음을 주는 것이요, 넷째는 안시(眼施), 호의를 담은 눈으로 사람을 보는, 즉 눈으로 베푸는 것이며, 다섯째는 신시(身施), 몸으로 하는 것으로 남의 짐을 들어준다든지 일을 도와주는 것이요, 여섯째는 상좌시(床座施), 때와 장소에 맞게 자리를 내어서 양보하는 것이며, 마지막 일곱째는 찰시(察施), 즉 굳이 묻지 않고도 상대의 속을 헤아려 알아서 도와주는 것이다. 이 일곱 가지를 늘 행해서 습관으로 굳히면 네게 행운이 따르리라."

이른바 무재칠시(無財七施)를 말하는 것입니다. 이 또한 각다분한 현실에서는 실천하기가 쉽지 않을지 모르지만 전부는 아니라 해도 몇 가지는 할 수 있을 것이며 무엇보다 그렇게 하면 '내게' 좋다지 않습니까.

그러고 보니 얼마 전 무재칠시를 경험했습니다.

자정 무렵 귀갓길, 지하철과 연계되는 마을버스가 끊겨 하는 수 없이 택시를 탔습니다. 차 안에 흐르는 음악이 좋다며 운전기사에게 말을 붙였습니다. 짧은 거리인지라 늦은 밤에 고생하신다는 한마디를 더 보태니 어느 새 내릴 곳, 요금은 3900원. 4000원을 내자 거스름돈 100원을 건네 왔습니다. 제가 마다하자 큰 웃음과 함께 고맙다는 경쾌한 인사가 되돌아왔습니다. 뭐가 그리 고마웠을까요. 설마 돈 100원에 감동했을 리는 만무하고 내 마음과 그의 마음이 '통'했기 때문이겠지요. 밤늦은 시각에 안전하게 집에 데려다준 기사에 대한 내 고마움과 야간 근무를 하는 자신의 고단한 처지를 헤아려 준 승객에 대한 고마움이 따사로이 교차했기 때문이었을 겁니다. 말하자면 그와 나는 칠시 중 언시와 심시를 행한 것입니다.

또다시 연말이자 며칠 있으면 새해입니다. 한겨울을 동반한 북반구의 연말연시는 이웃과의 따스한 동행과 나눔의 온기가 더 절실하게 다가옵니다. 물질로 함께할 수 없다면 무재칠시를 실천해 볼 일입니다. 쉽기도 하지만 우리 이웃에 진정 필요한 것은 어쩌면 '칠시'가 아닐까요.

내 생의 '유리구두'

지난 6주 반의 한국 방문 동안 저는 마치 신데렐라가 된 기분이었습니다.

그렇다고 시드니 제 집에서 학대를 당하다 못해 마침내 한국에서 팔자를 왕창 고쳐 줄 '벤츠' 탄 왕자를 만났다는 뜻은 아닙니다. 하룻밤 무도회의 신데렐라처럼 한국을 다녀오자마자 살림이 확 피거나 신분이 갑자기 달라진 것도 물론 아닙니다.

마차가 호박으로 뒤바뀌기 전에, 마부가 새앙쥐로 변하기 전에 자정 전까지 집에 돌아와야 했던 신데렐라처럼 저 역시 하루도 더 지체 없이 예정된 날에 맞춰 시드니행 비행기에 몸을 실었습니다.

다만 무도회의 휘황함에 넋을 잃은 신데렐라마냥 저의 한국 체험도 순간순간 즐겁고 놀라운 만남의 연속이었습니다.

그러고는 다시 일상입니다.

그럼에도 제 자신이 신데렐라가 된 듯한 느낌은 바로 '유리구두' 때문입니다.

한국을 떠나면서 슬며시 구두 한 짝을 떨어뜨리고 왔으니 구두 임자인 내게 조만간 '대박'이 터질 수도 있다는 말로 이해하시면 곤란합니다.

하기사 짐 무게가 초과되어 한국에서 싸돌아다니며 신었던 구두를 친정에 놓고 온 것은 사실이지만 그건 한 짝이 아닌 온전한 두 짝입니다.

그 누가 고린내 나는 제 신발에 눈곱만큼의 관심을 두겠습니까.

어린 나이에 부모를 잃고 사악한 계모와 심술궂은 이복자매들로부터 갖은 구박과 고초를 당하면서도 희망을 잃지 않고 꿋꿋이 살아가는 신데렐라, 시드니로 돌아오는 비행기 안에서 〈신데렐라〉 애니메이션 영화를 다시 보았습니다.

신데렐라처럼 혹독한 운명은 아니라 해도 평범한 사람의 한 생은 신데렐라의 그것과 많이 닮았다는 생각이 듭니다.

반복되는 일상의 무력감, 그 무기력에 대한 자극이라곤 어처구니없이 가해지는 폭력의 순간일 뿐이라는 절망감이 생존을 무겁게 짓누릅니다.

악하고 병든 주변 상황에 매몰되지 않으려면 자신을 스스로 지켜 가야 하나 그러기에는 최소한의 몸짓조차 버겁기만 합니다.

자신은 아무 잘못도 없건만 유약하고 순결한 깃털은 막무가내로 짓이겨져 수습할 새도 없이 피멍이 들기도 합니다.

그럼에도 불구하고 우리는 일상을 묵묵히 견뎌 냅니다.

살기 위해 아첨도 하고 비굴한 표정도 짓지만 때로는 어린 신데렐라처럼 당당히 자기주장을 할 때도 있고 어렵사리 찾아온 기회를 놓치지 않으려 마음을 다잡기도 합니다.

신데렐라는 언제나 '희망'을 노래하며 힘겨운 현실을 이겨 나갑니다. 현실을 직시하면서도 '언젠가는, 언젠가는……'을 읊조리며 고단한 하루를 슬프도록 아름답게 살아냅니다.

평범하고 각다분한 일상 중에도 즐거움과 행복을 발견하는 우리처럼 말입니다.

저의 이번 책 『글 쓰는 여자, 밥 짓는 여자』는 그 이전에 쓴 책들과는 다른 각별함이 있습니다.

망망대해의 외딴섬처럼 오도카니 외로운 이민생활, 출구 없는 방이자 미로처럼 단절된 가족 관계, 목숨 붙어 있는 한 놓을 수 없는 먹고사는 문제에 대한 불안 등, 말 붙이자면 신데렐라와 다를 바 없는 일상을 가진 제게 이번 책은 뜻밖의 '유리구두'와도 같았습니다.

신데렐라를 무도회에 보내 주기 위해 요정 할머니가 요술 지팡

이를 휘두를 때마다 걸치고 있던 누더기가 화려한 드레스로, 늙은 호박이 날렵한 마차로, 물에 빠진 새앙쥐들이 말과 마부로, 어리숙한 개가 충직한 시종으로 다시 태어나지만, 그러나 '유리구두'만큼은 맨발인 신데렐라에게 거저 주어집니다.

비록 보잘 것 없어도 그나마 내가 가지고 있는 것, 주변 상황을 최대한 활용하여 자기 삶에 최선을 다한다면 드레스도 얻고 마차도, 마부도 거느리게 될 것입니다. 그러나 신데렐라의 운명을 바꾸는 결정적 '한 방'은 무상의 '유리구두'입니다.

진인사 대천명이라고 할지, 계획은 사람이 할지라도 이루시는 이는 하나님이라고 할지, 내 노력을 마무리하는 마지막 매듭, 혹은 반대로 내 노력과는 무관한 은총, 스치는 인연 같은 것들을 일컬어 '유리구두'라 '후투루' 이름붙이고 싶습니다.

부모 복, 시대 복이야 말할 것도 없고, 살면서 '나의 나 된 것'은 내 힘만으로, 내가 했다고 할 것이 얼마나 될까요?

'유튜브 시대 스타' 싸이하고야 비교할 일도 아니지만, 제게 작은 글재주를 주신 것은 부모요, 게다가 호주 촌구석에 살면서도 인터넷 덕에 한국에 글을 알릴 수 있었으니 저 역시 부모와 시대를 잘 타고났달 뿐, 스스로의 공을 세울 일은 아니듯이요.

게다가 이번 책은 독자 중 한 분의 적극적인 추천으로 세상에 나오게 되었으니 그분의 도움이 제게는 제 노력과는 무관한 결정적인 '유리구두'인 셈입니다.

　우리의 삶은 실상 너나 없이 누군가가 무상으로 신겨 준 '유리구두'로 영위되지 않나요.

　앞서 간 모든 사람, 역사와 사상과 문화예술의 빚, 더 크게는 신의 가호와 음덕으로 우리 모두는 일생 '유리구두'를 신고 살아갈 수 있는 게 아닐까요.

자생하는 사랑의 한의학

어느 책에서 '인삼은 주인의 발자국 소리를 듣고 큰다.'는 말을 읽은 적이 있습니다. 글쓴이는 귀한 생물을 키우는 데는 사랑의 본질인 관심, 배려, 보살핌, 책임 등이 요구된다며 의미를 부연했습니다. 사랑의 힘으로 자라는 것이 어찌 인삼뿐이겠습니까.

그러나 '인삼'이라는 말에서 오는 느낌과 최근에 고전 평론가 고미숙의 『동의보감, 몸과 우주 그리고 삶의 비전을 찾아서』를 접한 연유로 사랑의 본질과 동양 의술의 본래적 가치가 관련성 있게 연상 작용을 일으켰습니다.

"의학과 인문학이 따로 있지 않고 오히려 그 둘이 함께할 때 우리 안의 치유본능을 이끌어 내어 궁극적으로 몸과 삶과 생각이 하나가 된다."고 고미숙은 설명하고 있는데, 이 말로 인해 '의학에도 은근한 향기와 온기가 있어야 하지 않겠나.' 하는 평소의 막연한 제 생각이 지지와 탄력을 받는 느낌이었습니다.

 타자와 나 사이를 공글리고, 예리해진 대립각을 둥글게 하며, 냉과 열이 다사롭게 기운을 합치는, 그리하여 생의 에너지가 자율적 물꼬를 트도록 만드는 사랑의 가치와 한의학의 실체가 닮았다는 생각을 오래 전부터 해오던 참에 말입니다.

 얼마 전, 일로 인연을 맺은 강남자생한방병원의 한 의사 선생님이 "의사가 환자의 병을 진단하고 치료하는 일이 과학으로 포장되고, 법적으로 면허화되고, 전문화, 세분화의 미로 속에 놓이다 보니 심오하고 아득해 보이는 것뿐이지, 실상은 환자와 눈을 맞추고, 따뜻한 미소를 보이고, 환부를 만지고, 교감하며 희망을 나누는 행위가 치료의 절반 이상을 차지합니다."라는 메일을 보내왔습니다.

 마치 제 생각이 맞다는 걸 확인해 주려는 듯한 공교로운 타이밍의 '내부자 발언'에 흐뭇하고 흡족했던 기억이 납니다.

 그의 말에는 차가운 청진기가 아닌 따스한 문진의 손길, 창백한 알콜 냄새 대신 온후한 한약 내음과 함께 환자의 자생력, 삶의 내재적 회복력을 먼저 헤아리려는 미더운 정성이 담겨 있었습니다.

 열흘 전, 같은 병원의 탕전원을 둘러볼 기회가 있었습니다. 약재 구입에서부터 보관, 관리, 제조, 전달에 이르는 과정을 지켜보고 설명을 들으면서 양방의 체계적이고 과학적인 방식과 한방의 섬세하고 공교한 손길이 양한방의 장단점을 보완하며 교류할 수 있는 가능성이 보다 커질 수 있겠다는 생각이 들었습니다.

한약재 잔류 농약 시비나 한방의 치료 효용성 논의의 소요(騷擾)가 끊이지 않고 있지만 면모를 일신하며 동양 전통의학의 맥이 이어져 갈 것이라는 믿음도 생겼습니다.

잘디잘게 나누어진 단절과 분절, 타자와의 어떤 교감의 기미도 마다하는 차단의 삶을 사는 시대입니다. '사랑', '소통', '힐링' 등 알곡 없는 겨와 같이 가볍고 알량한 말들이 공허하게 떠도는 세상입니다. 불신의 깃발이 생명과 삶을 조롱하듯 나부끼는 세태에 익숙해진 지도 오래입니다.

이 모든 부박한 시대 현상이 무조건 양풍(洋風) 탓이라고 말할 수는 없겠지만, 의료계 또한 서양의학에 대한 과대 신뢰로 동양의학이 부지불식간 홀대를 받는 현실을 부인할 수 없을 것입니다.

제가 살고 있는 호주만도 한방은 인정의 수준을 넘어 이미 자리를 잡아 가고 있음에도, 정작 전통을 이어 가야 할 우리는 무심하게 딴청을 부리는 모습인 것 같아 안타깝습니다.

은근한 군불처럼, 웅숭깊은 우물처럼, 두터운 가마솥처럼 삶 속에 스며들 듯 한의학이 우리 곁에 있다는 것이 푸근하고 고마운 일이라는 걸 잊고 있다고 할지.

온갖 시비분별이 어지럽고, 양극단이 대립하며, 모 아니면 도의 긴장 속에서 분절되고 조각난 삶을 전체적, 통합적인 모습으로 되돌려 놓는 일은 비록 '시시포스의 돌'일지언정 거듭거듭 반복되어야 합니다.

노자의 『도덕경』에도 남성다움 안에서 여성다움을 유지하고, 흰 것을 붙들되 검은 것을 인정하는, 영광을 취하면서 오욕의 자리에도 설 수 있는, 양가적 가치가 조화를 이룬 상태를 가장 가치 있는 선(善)이라고 하듯이, 한의학이 비단 의료 환경에서뿐만 아니라 우리 삶 전체를 제자리로 돌려놓는 원력이 될 수 있을 것이라는 기대가 있습니다.

자생(自生)에 뿌리를 둔 몸과 마음의 치료를 통해 우리 삶을 창조적이며 지혜롭게 회복시키는 것이 한의학의 핵심 사상이기에 말입니다.

화창한 봄날의 '무심 죄'

花開昨夜雨(화개작야우) 어젯밤 비에 꽃이 피더니
花落今朝風(화락금조풍) 오늘 아침 바람에 지고 있네.
可憐一春事(가련일춘사) 가련토다, 한낱 봄날의 일이리니
往來風雨中(왕래풍우중) 비와 바람 사이에 오가는구나.

조선 시대 문인 송한필의 시, 〈우음(偶吟)〉입니다. 한편,

一片花飛減却春(일편화비감각춘): 한 조각 꽃잎이 날려도 봄빛은 줄어드는데
風飄萬點正愁人(풍표만점정수인): 바람에 날리는 만 점 꽃잎이 정녕 사람을 시름 젖게 하네.

라는 두보(712~770)의 시, 〈곡강(曲江)〉의 행이 있습니다.

때 이른 데다 순서도 없이 개나리, 진달래, 목련, 벚꽃, 뒤미처 조팝나무 꽃까지 한꺼번에 피어올라 시끌벅적, 뒤죽박죽, 요란법석을 떨었던 꽃 잔치. 뭐가 그리 급했을까요. 세상에 나오자 바로 난리를 만나 비바람, 저온에 속절없이 꽃잎을 떨구던 그것들이 어찌나 애처롭고 애잔하던지, 뒤늦은 시름의 소회를 위의 두 시에 얹습니다.

호주 이민 후 22년 만에 맞이한 한국의 봄은 가지가 휘어질 듯 흔전만전한 꽃들의 함성과 난분분 난분분 내리던 꽃비로 각인됐습니다. 만발한 기화요초 아래 한바탕 꿈을 꾼 듯하지만 다행히도 봄볕은 여전하고 라일락 훈향에 코를 벌름이며 되찾은 여유가 호주에서 있었던 오래전 일을 떠올리게 했습니다. 그때 쓴 글입니다.

아이들이 네댓 살 무렵이던 어느 해 성탄 전야, 동네 공원에서 불꽃놀이가 벌어졌다. 어둠이 드리운 밤하늘로 '슝~' 소리와 함께 첫 발이 솟아올랐다. 이어서 연발로 '펑펑' 터지는 폭죽, 갖가지 무늬가 명멸할 때마다 구경꾼들의 탄성도 높낮이를 달리하며 함께 터졌다. 나 역시 두 아이를 양팔에 감싸 안고 고개를 한껏 젖힌 채 홀린 듯 허공을 응시하고 있는데, 지금껏 우리 앞에서 캐럴을 함께 부르던

아가씨가 슬그머니 일어나 무리에서 빠져나가는 것이었다.

행사의 하이라이트에서 자리를 뜨는 것이 의아해 유심히 살피니 앞이 안 보이는 아가씨였다. 인도견과 함께 조심스레 발길을 돌리는 맹인. 현란하고 은성한 불꽃 잔치는 앞을 못 보는 사람에겐 공포스러운 굉음의 연발에 다름 아니라는 데 생각이 미치자 다른 사람의 처지를 헤아린다는 평소의 입바른 소리가 얼마나 맹랑하고 허망하던지, 참으로 미안하고 참담했다.

20년이 다 되어 가는 일이지만 올해 한국의 '봄꽃놀이'에, 그해 호주의 '불꽃놀이'가 중첩되면서 그때의 기억이 되살아났습니다.

'꽃이 폈네, 마네, 비바람에 지네 마네.' 하며 모두가 수선을 피우고 호들갑을 떨 때 앞 못 보는 사람들은 어떤 생각을 했을까요? '봄꽃'은 '불꽃'처럼 굉음을 내지는 않으니 그나마 다행이라며 가슴을 쓸어내렸을까요?

온 나라가 울긋불긋 꽃 잔치에, 벙글벙글 꽃 축제에 취해 있을 때 그들의 봄은 어떤 빛깔로 찾아오는지, 그저 여전히 무채색인지 송구하고 민망할 따름입니다.

우리는 대체로 선량하지만 이따금 '무심 죄'를 짓습니다. '무심코' 하는 말과 행동이 상대의 마음을 상하게 할 수 있다는 걸 미처 생각지 못하는 것이지요. 시각장애인 앞에서 꽃 타령을 하는 것도 그렇고, 실의에 빠진 사람에게 '건강하기만 하면 재기할 수 있다.'고 건네는 희망의 언어가 건강마저 잃은 사람에겐 벼랑 끝에서 듣는 절망의 말일 때가 있습니다. 어려워도 가족이 있기에 힘이 난다는 말이 가족 없는 사람의 기를 무참히 꺾기도 하지요. '무심코' 짓는 '무심 죄' 탓입니다.

그러기에 마땅한 신이 없다고 투덜대기 전에 두 발이 없는 사람을 생각할 수 있어야 하는데, 거기까진 아니더라도 자기 처지를 놓고 불평이라도 덜 해야 할 것입니다. 빌어먹지 못하는 사람에 비하면 빌어먹을 힘만 있어도 다행이라고 하듯이.

상념에 젖어 만 점 벚꽃 잎 소복이 떨어진 길을 거닐며, 강아지 솜털같이 복슬복슬 보드라운 이런 것들이 폈었노라고, 앞이 보이지 않는 이들의 손을 끌어다 만져 보게 할 양으로, 짐짓 눈을 감고 앉아 가만히 바닥을 쓸어 봅니다.

사랑하라, 한 번도 상처받지 않은 것처럼

발렌타인데이입니다.

마음에 품고 있던 남자에게 여자가 먼저 사랑을 고백해도 흉이 되지 않는 날이라지만, 요즘 세상에 그런 연유로 오늘을 손꼽아 기다린 여성이 있다면 진정 그 순수하고 맑간 '영혼(靈魂)'이 발렌타인데이의 '상혼(商魂)'을 말갛게 씻어 내기에 부족함이 없을 겁니다.

한 잔의 커피도 사랑하고, 휴대폰, 자동차도 사랑하고, 아파트도 사랑하고, 애완견도 사랑하고, 친구, 애인, 배우자, 자녀, 부모도 마치 '패키지 상품'처럼 한 꾸러미에 꿰어 공히 '사랑'하는 세상입니다. 하긴 조용필도 귀뚜라미를 사랑하고, 라일락도 사랑하고, 밤도 사랑한다고 노래했으니까요. 오늘은 또 '발렌타인데이 초콜릿'을 '사랑'하는 비명이 도처에 울려 퍼지겠지요.

어이없게도 네이버 사전에는 어떤 사물이나 대상, 물건을 좋아하는 것조차 '사랑'이라 정의하고 있으니 돈이 지배하는 세상에서 재래식 변소에 고봉으로 넘쳐나는 똥 무더기와 그 위의 구더기처럼 사랑의 이름을 들쓴 거래나 조건, 교환적 행태가 역겹도록 꾸역꾸역 넘쳐날 밖에요.

어쨌거나 오늘은 '사랑의 날'입니다. '사랑'은 대체 무엇일까요. 제가 사랑에 대한 글을 쓰겠다고 하자 '흥, 네깟 게?' 하며 비웃은 사람도 있었습니다만.

저는 삶에 임하는 자세, 인생을 대하는 태도, 생을 운용하는 능력으로 사랑을 이해하고 있습니다. 사랑은 요람에서 무덤까지 계속된다거나, 결혼 적령기는 18세부터 99세라는 말, 어떤 사랑이건 사랑의 감정은 진실하다는 메시지, 사랑을 온몸으로 껴안는 자만이 진정으로 자유롭다는 에스프리(esprit) 등이 '사랑은 곧 생'이라는 언표(言表)처럼 들리기 때문입니다.

희망은 절망을, 시도는 실패를 배태하는 것처럼 산다는 건 죽을지도 모를 위험을 안고, 사랑은 이별의 싸늘한 뒤태를 감추고 있습니다. 그럼에도 이별의 상처를 기꺼이 받아들일 용기가 있어 죽음과도 같은 실연이 닥쳤을 때 상실의 애도 끝에서 성장과 성숙의 열매를 맺는 것, 이것이 곧 사랑의 변주이자 의미입니다.

어떤 사람이 사랑을 하는 방식은 그 사람이 살아가는 방식입니다.

아무런 위험에도 뛰어들지 않고 아무것도 하지 않는 사람은 아무것도 가질 수 없으며 결국 아무것도 아닌 사람이라는 말이 있듯이 이와 반대로 고통과 슬픔, 아픔을 직면할 각오로 기꺼이 사랑에 '빠지고' 사랑을 '하고' 사랑을 '누리는' 사람은 배우고 깨닫고 변화하고 성장합니다. 그러기에 '모든 사랑은 남는 장사'라거나 '실패한 사랑은 없다.'라는 말이 있는 거겠지요. 엄격히는 실패한 인생도 없듯이요.

한 사람의 생애는 그 자체로 의미가 있듯이 투박하건 세련되건 두려움 없이 사랑을 마주할 수 있다면 그것이 곧 능력입니다. 타인과 관계 맺기에 주저하지 않는 능력, 선택에 책임을 지는 능력, 파괴적 감정의 격랑 가운데서도 자기애와 자아존중감을 잃지 않을 능력, 좌절을 견디는 능력, 궁극적으로 그 모든 경험을 가능케 한 세상에 대해 감사할 수 있다면 어떤 사랑이 되었건 아름다운 추억과 향기로 내면에 자리할 것입니다.

이런 결연한 사랑 어느 한 귀퉁이를 비집고 장사로, 거래로, 타협으로 변질되거나 가벼운 호기심과 이기심 등으로 왜곡된 이물 정서가 스며든다는 것은 매우 슬프고 실망스런 일입니다.

지루함이나 권태에서 시작된 심심풀이 땅콩 같은 만남도 본질에 어긋나지만, 사랑이라는 미명하에 의존, 기생, 집착, 구속, 속박, 방치, 냉대, 의심, 아집, 조종, 착취, 이용, 조롱, 학대 등 부정적 정서와 파괴적 패턴이 연인이나 배우자를 옭아매고 있는 모습은 안타깝기 짝이 없는 사랑에 대한 배신이며 모독이자 가혹 행위입니다.

　삶처럼 사랑도 치열하게 제대로 해 볼 일입니다. 민낯으로, 맨살로, 속살로, 진피(眞皮)로 부딪혀 볼 일입니다. 비가 오면 비를 맞고 바람이 불면 바람을 맞을 일입니다. 결코 '쿨~'할 수 없는 것이 사랑과 삶의 속성입니다. 그러기에 시에서도 '한 번도 상처받지 않은 것처럼 사랑하라.'고 말하고 있지 않습니까.

　상처받을 각오가 되어 있다면 그것으로 사랑할 자격은 충분합니다. 다가온 사랑 앞에 머뭇거리는 당신, 사랑을 시험하지 마십시오. 그대로 뛰어드십시오. 사랑은 당신 것입니다.

　　사랑하라, 한 번도 상처받지 않은 것처럼
　　춤추라, 아무도 바라보고 있지 않는 것처럼
　　사랑하라, 한 번도 상처받지 않은 것처럼
　　노래하라, 아무도 듣고 있지 않는 것처럼
　　일하라, 돈이 필요하지 않은 것처럼
　　살라, 오늘이 마지막 날인 것처럼

Love, like you've never been hurt
Dance, like nobody is watching you.
Love, like you've never been hurt.
Sing, like nobody is listening you.
Work, like you don't need money.
Live, like today is the last day to live.

– 알프레드 디 수자(Alfred De Souza),
〈사랑하라, 한 번도 상처받지 않은 것처럼〉

내 나이가 어때서,
주례 서기 딱 좋은 나인데!

지난 18일, 큰언니의 막내딸 결혼식이 있었습니다. 봄에 혼인한 친정 조카에 이어 6개월 만이니 한 해에 연거푸 집안 혼사가 있었던 겁니다.

결혼식에 다녀오니 갑자기 주례에 대한 글이 써 보고 싶어졌습니다.

첫째, 사랑에 나이가 없듯이 주례에도 나이가 없다는 것이 저의 생각입니다. 그리고 '내 나이가 어때서', 맡겨만 주신다면 저도 주례를 설 수 있을 것 같습니다(물론 자기 가정도 못 지킨 '결혼의 루저'를 주례로 세울 리 만무하지만 한번 낙방한 경험이 있는 재수생이 공부 요령은 더 잘 아는 법입니다^^). 지금 제 나이도 되기 전에 이미 '화려한' 주례 데뷔를 한, 가까운 지인이 있으니까요.

둘째, 그 지인은 더구나 여성입니다. 여성 주례가 전혀 없는 건 아니지만 성비로 보자면 당연히 남성이 많겠지요. 따라서 주례업계의 성차별도 '척결'해야 할 당면 과제가 아닐 수 없습니다.

사실상 결혼의 의미나 비중은 남자들보다 여자들에게 지대하지 않습니까. 남편은 아내가 10%만 봐줄 만해도 그럭저럭 감내하며 살아내지만 아내는 남편에 대한 긍정심이 90%에 달해도 결혼 생활을 불만족스러워합니다. 그러니 이른바 '인생 선배'로서 남자와 여자 중에 누가 결혼식에서 할 말, 해 줄 말이 많을지는 자명하지 않나요. 나아가 '남자는 결혼에 대해 잘 모른다.'는 게 솔직한 제 생각입니다.

그 '지난한' 부부 관계에 대해 그나마 깨닫는 사람은 남편보다는 아내라는 점에서 저라면 어머니를 모시는 마음으로 여성에게 주례를 부탁하겠습니다. 그렇게 되면 '주사모일체(주례를 사랑하는 모임이 아니라 주례와 스승, 어머니는 같다는 의미)'가 되겠지요(뜬금없는 이 소리는 다음 셋째 조항을 참조할 것).

셋째, '주사부일체(주례는 아버지, 스승과 동급)'라는 농담이 있는데 요즘 세상은 아버지나 선생님을 제대로 대접하는 풍토가 아니니 아쉽고도 서럽게도 주례 역시 부부의 일생에 별 중요한 영향을 미치지 못할 겁니다.

저희 부부가 25년간 함께 살면서 수없이 싸움을 했지만 "주례를 잘못 만나서 우리가 이 모양인 것 같다. 다른 주례를 모셨어야 해, 그랬다면 이렇게 헤어지지 않았을지도 모르잖아."라고 주례를 원망한 적은 한 번도 없었던 걸 봐도 그렇습니다. 주례는 '가정 파탄'의 '공모자'는커녕 '목격자'도 못 되니까요.

같은 이유로 "내가 주례를 서 준 부부들이 지금껏 잘 살고 있다."며 다행스러워한다거나 흐뭇해할 것도 없습니다. 적어도 주례사에서 악담을 하지 않은 이상 잘 살든 못 살든 주례는 결혼식이 끝나는 순간 대부분 '잊히는 서글픈 존재'니까요.

넷째, 그럼에도 불구하고 한 언론계 출신 지인은 최선의 주례사를 위해 미리 예비 신랑 신부를 만나 밥도 먹고 취재도 하고 인터뷰도 하여 '맞춤형', 심지어 '주문형'까지 생산한다니, 그리고 당일에 탈이 나지 않도록 매사 조심한다니 주례를 선다는 것은 여간 정성되고 번거로운 일이 아닐 수 없겠습니다.

그러나 뒷자리 하객들은 그와는 아랑곳없이 자기들끼리 떠들어대니 '그럴 거면 나가라.'고 일갈하게 되지만 그 또한 어쩔 수 없이 주례가 감수해야 할 서글픈 현실이 아닐까요. 왜냐하면 일가친척, 친구들이 오랜만에 식장에서 만난 김에 서로 안부를 묻다 보니 시끄러워질 수밖에 없고, 잔치는 또 그렇게 법석을 떨어야 흥이 돋는 법이니까요.

이런저런 생각을 나열하다 보니 이래저래 주례는 서글프군요.

하지만 예식이 주례를 속일지라도 서러워하거나 노여워하지 말 일입니다. 왜냐하면 제게는, 그리고 최소한 그날의 하객들에게는 기억에 남을 주례와 주례사가 있기 때문입니다.

지난 4월, 친정 조카의 결혼식 주례는 개그맨 이홍렬 씨가 맡았습니다. 그분은 국제아동복지전문기관 초록우산 어린이재단(www.childfund.or.kr)의 홍보 대사라고 합니다.

저도 호주에서부터 지금까지 그 단체의 호주 지부를 통해 캄보디아 어린이에게 돈을 보내고 있습니다만, 그 인연을 말하자는 게 아니라 새로 태어나는 조카 부부의 가정을 향해 어린이 두 명을 후원해 줄 것을 약속받던 감동 어린 주례사를 말씀드리고 싶은 겁니다.

후원 여부에 대해서는 물론 당사자들로부터 사전에 동의를 구했고, 착한 마음을 내 줘서 고맙다며 주례 사례비도 받지 않았다고 합니다.

언감생심, 만약 제게도 주례를 설 기회가 주어진다면 이런 의미 있는 주례사를 하고 싶습니다. '어르든, 협박을 하든', '검은 머리 파뿌리 될 때까지' 부디 '내 가족 울타리' 밖을 돌아보는 작은 일 한 가지는 하자고 독려하겠습니다.

새것, 오래된 것, 빌린 것

지난 주말 아주 흥겨운 '혼인 잔치'에 다녀왔습니다.

'결혼식'이라고 하지 않고 굳이 '혼인 잔치'라고 말하는 이유는 즐겁고도 '쇼킹한' 격식 파괴로 성경 속의 가나안 혼인 잔치를 연상케 하는 흥겨운 어우러짐이 있었기 때문입니다.

주례 없는 결혼식, 남녀평등의 상징으로 신랑 신부 동시 입장, 폐백 생략, 혹은 나중에 하기, 저녁 시간대의 예식 등, '찍어내는' 결혼식 모습에 작은 균열이 생기기 시작한 것은 진즉에 알고 있었습니다. 그뿐만 아니라 이벤트 대행업체를 통해 신랑 신부를 주인공으로 한바탕 퍼포먼스를 연출하는 경우도 있다고 하니 '파격'이 지나쳐 '과격'의 급물살을 타고 있다고 할까요?

하기사 우리 전통 혼례의 자리를 대신한 서양식 결혼 문화 자체가 이미 형식과 격식 파괴의 결과이니 거기에 다소 변형을 가한다고 대수로울 것도 없겠지요.

눈에 익어 자연스럽달 뿐이지 신부 아버지가 신랑에게 딸을 '인계'하는 것과, 프랑스처럼 신랑이 어머니의 팔짱을 끼고 입장하는 것도 우리 처지에서는 둘 다 '빌려 입은 옷'에 불과합니다. 다만 오래전에 빌려 입어서 익숙한 옷과 어색한 옷의 차이일 뿐.

같은 이유로 질투하는 악귀로부터 신부를 보호하는 것에서 유래한 미국의 '들러리' 풍습이 우리 결혼식에 아직 차용되지 않은 것, 호주처럼 혼인 신고에 해당하는 절차를 식 진행 과정의 일부로 끼워 넣지 않은 것도 어차피 우리 처지에서는 남의 문화일 뿐, 가져다 쓰면 쓰고 말면 말 일이지요.

좀 더 부연하자면 결혼식의 신성함을 지킨다는 의미에서 하객들은 신랑 신부에게 말을 걸 수 없도록 한 풍습이나, 축의금 대신 신랑 신부가 받고 싶거나 필요한 살림 목록을 건네받아 자신의 형편에 맞게 선물하는 것 등도 우리에겐 별로 매력적이지 않은 것 같습니다. 신랑 신부를 식장에서가 아니면 언제 또 만나 덕담을 건넬 것이며, 기왕 하는 것, '뭐니 뭐니 해도 머니'가 제일이니까요.^^

폐백으로 간소화, 모형화된 형태 말고 혼인식의 '몸통'으로 우리 전통 혼례가 복원되었으면 하는 개인적 바람이 있지만 너무나 요원한 일이겠지요.

이야기가 너무 곁가지로 갔습니다. 다시 지난 주말의 혼례로 돌아가 '쇼킹 파격'의 하이라이트를 말씀드리자면 일단 주례 없는 결혼식까지는 그러려니 했습니다. 이어 신부 아버지가 성혼을 선포하고, 신랑 아버지의 엄숙함과 유머가 적절히 조화된 '감각 있고 느낌 있는' 축사로 박장대소를 이끌어 내는가 싶더니, 이어진 신랑 아버지의 축가는 단박에 그날의 주인공 자리를 '꿰차며' '대박전율'을 일게 했던 것이었던 것이었습니다(신랑 아버지가 축가를 부르는 것이 요즘 새로운 유행이라는 말을 듣긴 들었습니다).^^

한의사라는 직업이 무색하리만치 평소 가수를 여럿 '울리던' 노래 실력으로 나훈아의 〈사랑〉을 개사하여 아들 며느리의 이름을 넣어 진솔하고 절절하게 내외의 사랑과 해로를 당부하는 모습이라니! 아, 그 파격적 감동의 여운이 지금도 남아 있습니다.

신랑 측 혼주가 잔치 분위기를 주도하며 흥을 돋우어 놓으니 하루 온종일, 아니면 보통 저녁 9시에 시작해 밤새 이어지는 외국처럼, 저녁 6시 30분에 시작된 예식이 늦은 밤까지 잔치로 흥겹게 이어진 건 당연한 귀결이겠지요.

혼인 예식이야 어떻든 부모의 마음은 한결같을 겁니다. 두 사람이 오손도손 잘 살아 주었으면 하는 것, 금슬 좋은 부부로 오래오래 함께 살아 주었으면 하는 바람 말입니다.

어느 나라에선가는 신부가 결혼식 치장을 할 때 '새것, 오래된 것, 빌린 것'을 혼용하는 풍습이 있다고 합니다. 예를 들어, 웨딩 드레스가 새것이면 베일은 어머니로부터 물려받은 것으로 쓰고 웨딩 슈즈는 친구에게 빌려 신는 식이랍니다. 자기 스스로의 판단과, 먼저 살아 본 사람의 조언과, 타인의 기대 등을 적절히 조화하여 지혜로운 결혼 생활을 이끌 것을 상징적으로 호소하는 신부를 향한 '결혼의 민낯'이 아닐까 싶습니다.

'결혼에는 고통이 있지만, 독신에는 행복이 없다.'는 아프리카 속담도 생각납니다. 지혜로울 수만 있다면 결혼 생활에서 '고통 있는 행복'을 성취할 수 있습니다. 'No pain, no gain'을 명심할 일입니다. 혹은 'pain'만 있고 'gain'은 없는 결혼 생활도 있을 수 있습니다. '연애의 무덤이 결혼'이 아니라 '고통이 결혼의 무덤'이 될 수도 있습니다.

우리는 '결혼은 인륜대사'라고 하지만 이집트에서 '결혼은 절반의 신앙'이라고 했습니다. 부부 화합의 길이 오죽 험난하고 지난하면 신앙생활에 비유를 했을까요? 그럴수록 따뜻하고 자상한 아버지의 사랑이 담긴 개사된 나훈아의 〈사랑〉을 잊지 말길 바라며, 신랑, 신부, 행복하게 사십시오!

사랑의 언어

저녁 장사를 하지 않는 일요일은 오후 네댓 시면 집에 들어가는데 지난 일요일에는 현관문을 들어설 때부터 집안 분위기가 평소와는 조금 달랐습니다. 거실 청소가 제법 깨끗이 되어 있는 데다가 소파 쿠션도 가지런하고 부엌 개수대도 물 한 잔 마신 흔적 없이 말끔했습니다. 게다가 식탁에는 작은 초콜릿 박스까지 놓여 있었습니다.

"무슨 일일까, 도둑이 들었나?" 하도 의아해서 나도 모르게 나온 소리에 "청소하고 설거지 해 놓고 가는 도둑도 있어?" 남편은 어이없다는 듯 대꾸합니다. "그러면 난데없이 웬 우렁각시가?"

그 시간 아들애는 교회에 있으니 당장 물어볼 수도 없고, 초콜릿은 나중에 지가 먹거나 여자친구 주려고 사 둔 것인지 모르니 손

대지 말자는 둥 둘이 수런대는데 마침 아들애가 돌아왔습니다.

"청소 다 해 놨어요. 초콜릿은 엄마 아빠 드시구요."

"니가 한 거야? 아이구 고맙다, 우리 아들. 정말 고맙고 착하네. 니가 이렇게 엄마를 거들어 주니 정말 좋구나."

칭찬을 들으니 기분 좋아하면서도 "엄마는 내가 청소해 놓은 게 그렇게 좋아요? 나한테서 사랑이 막 느껴지나 봐요." 하며 지금껏 정말로 몰랐다는 표정을 짓습니다.

"그래, 맞다 사랑에는 다섯 가지 언어가 있다잖아. 엄마는 아마도 '봉사'가 사랑의 제1 언어인 사람인가 보다." 시키지도 않았는데 집안일을 도운 자식이 대견한 듯 남편도 한마디 거들었습니다.

정서가 판이한 한국과 호주 두 문화권 사이에서, 그것도 딸도 아닌 두 아들을 키우면서, 소위 말하는 '코드' 차이로 인해 부모 자식 간에 시나브로 앙금이 쌓이고 서로의 가슴에 멍울이 진 가정이 우리 집뿐이라고는 말하지 않겠습니다. 하지만 서구권 이민으로 인한 좋은 점 열 가지와 나쁜 점 열 가지가 있다면 우리 집은 나쁜 것에 해당하는 열 가지가 골고루 발생하는 것만 같았습니다.

그것은 마치 사랑이라는 이름으로 선지피가 뚝뚝 듣는 갓 잡은 들짐승을 소 앞에 턱하니 갖다 바치는, 소의 입장에서 보면 어이없는 사자와, 이슬 머금어 싱그럽고 아삭한 연한 풀잎 한 광주리를, 역시나 미치도록 사랑하기에 사자 앞에 놓아 주는, 그러나 사자에게는 대책 없는 소에 비유될 상황이었습니다.

'이 맛있는 고기가, 이 신선한 풀이 도대체 어디가 어떠하기에 너로 하여금 거북스럽고 부당한 것으로 여기게 한단 말이냐.'는 것이 지난 20년간 우리 가족의 화두가 아니었던가 싶습니다.

차라리 서로에게 무심하고 냉담했다면 상처나마 남지 않고, 조금 덜 사랑했다면 서운함 또한 크지 않았을 텐데, 우리 네 식구는 '나는 사랑한다고 하는데 왜 그 사랑을 몰라줄까, 왜 내 사랑을 왜곡하고 그 자체로 받아들여 주질 않을까.' 하며 긴 세월 속앓이를 했습니다.

2년 전, 아들애가 가게 개업일에 축하 선물을 사려고 몇 주치의 용돈을 모아야 했다며 시중에서 제일 비싼 샴페인을 들고 나타났습니다.

"두 분의 가게가 잘 되길 바래요."

지금도 두 애들은 '우리 가게'라고 하지 않고 '부모님 가게'라고 말하지만 그때 제게는 '두 분의 가게'라는 말이 서운하고 거슬렸습니다. 생각해 보면 집에서 키우는 강아지도 '내 것, 내 동생 것' 하면서 무엇이든 소유권을 분명히 하는 나라에서 자란 아이들한테는 자기들 의사와는 상관없이 시작한 사업이니 '엄마, 아빠 꺼'가 분명한데도 말입니다.

게다가 누가 저더러 비싼 샴페인을 사 오랬다고, 말은 그렇게 안 했지만 속에서는 고맙기는 고사하고 요사스레 사치스런 술병이 얄밉고 밉상스럽기만 했습니다. 무리해서 마련한 과분한 선물보다는 손님상이라도 한 번 닦아 주고 커피잔이라도 씻는 시늉을 했더라면 제 마음이 얼마나 흐뭇했을지 그때 그 녀석은 정말로 몰랐던 것 같습니다.

그랬던 아이가 집안 청소를 해 놓고 부엌 개수대를 깨끗이 치워 놓았다는 건 제 부모의 사랑의 언어, 사랑의 코드를 드디어 해독하기 시작했다는 뜻일 테니 어찌 감동적이지 않겠습니까.

모든 사람들은 저마다 사랑을 표현하는 각자의 언어가 있다고 하지요. 기독교 상담가인 개리 채프먼은 그 언어를 다섯 가지로 요약해서 설명하고 있습니다.

첫째는 인정과 칭찬, 격려, 감사의 표현 같은 긍정적이고 부드러운 '말'에서 사랑을 느끼는 사람, 둘째는 감정적 교류와 짙은 연대감을 느끼기 위해 '시간을 함께' 하는 것을 사랑의 제1 언어로 삼는 사람, 셋째는 비록 작은 것이라도 '선물'을 받으면 그것이 자신을 향한 지속적인 관심이자 사랑의 표현이라고 여기는 사람, 넷째는 저처럼 내게 꼭 필요한 일을 자발적으로 기꺼이 도와줄 때, 이른바 '봉사'해 줄 때 사랑을 확인하는 경우, 마지막으로 다섯째는 머리를 쓰다듬거나 팔짱을 끼거나 부드럽게 안아 주는 따위의, 백 마디 말보다는 따스하고 섬세한 스킨십에서 보다 큰 사랑을 느끼는 경우입니다.

실은 다섯 가지 모두가 마음이 가지 않으면 할 수 없다는 점에서 두루 통한다고 할 수 있지만 사람마다 독특한 감정의 울림과 색깔 다른 정서적 반응을 가지고 있는 것은 사실인 것 같습니다.

엄마의 사랑의 언어를 정확히 해독해 준 우리 아들의 제1 사랑의 언어는 무엇일까 곰곰 생각해 봅니다. 그 아이는 아무래도 '인정하는 말'을 좋아하는 것 같은데 오늘 어디 한번 그렇게 해 봐야 겠습니다.

손짓하는 홈스쿨링의 유혹

　10년도 더 전쯤 호주 북부 한 소도시에 살 때 주변에 고만고만한 아이 넷을 둔 가정이 있었습니다. 특이한 점은 초등학교에 다닐 나이의 아이들이 학교를 가지 않고 엄마 손을 붙잡고 저희들끼리 뭉쳐 다니는 것이었습니다. 집에선 뭘 하는지 몰라도 다섯 식구가 공원에서 뒹굴거나 슈퍼마켓에서 함께 장을 보는 모습, 버스를 타고 어디론가 가는 것을 이따금 볼 수 있었는데, 나중에야 말로만 듣던 가정 내 교육, 가정 학교(home schooling)를 하는 집이라는 걸 알고 놀라움과 더불어 많은 생각이 교차했습니다.
　그때까지만 해도 낯설고 '미심쩍던' 홈스쿨링에 대한 새로운 발견은 차치하고 무엇보다 아이들에 대한 사랑에 겨운 그 엄마의 희생과 자기 신뢰, 강인한 절제력, 무한한 인내력, 사려 깊은 결단

력에 큰 감명을 받았던 것입니다.

어린아이를 키우는 엄마라면 누구나 아이가 어서 커서 유치원에 라도 들어갔으면, 그래서 좀 자유로워졌으면 하는 '해방의 그날'에 대한 염원을 '앙망'하기 마련이거늘 스스로 그 기간을 무한 유예키로 한 결심이 존경스럽기조차 했습니다. 당시 중학생 아이들을 둔 나만 해도 아이들을 학교에 보내 놓고 또래 엄마들과 수다를 떨거나 쇼핑을 하고 산책이나 독서도 하면서 나만의 시간을 꿀처럼 맛나게 보내곤 했었습니다.

요즘 부모들 가운데 아이들을 학교에 들여보낼 때 기특하고 뿌듯한 마음과는 별도로 '아, 이제 내 아이가 어엿하고 건전한 시민적 소양을 쌓을 훌륭한 교육을 받게 되는구나.' 하며 감격에 겨워하는 사람이 있기나 할까요. 솔직히 이제 아이를 잠시라도 몸에서 떼놓을 수 있게 된 홀가분함과 해방감의 기쁨이 더 클 테지요. 더구나 요즘처럼 위태로운 제도권 교육 속에 아이를 밀어 넣으면서, 하는 수 없다는 생각을 할망정, 학교 교육보다 홈스쿨링이 백 배나 더 좋다고 해도 엄두를 못 내는 것이 부모, 특히 엄마들의 심정일 것입니다. 사정이야 어떻든 학교에서 붙들어 둔 시간으로도 모자라 학원으로 어디로 내돌리다 밤늦은 시간에야 집에 돌아오게 하는 현실임에야 말해 무엇할까요.

10대 초반만 돼도 일찌감치 외국으로 유학을 보내 버린 후 가뿐

하게 부부만 지내는 경우를 호주에 살다 보니 자주 접하는데, 마치 남의 둥지에 알을 낳는 뻐꾸기처럼, 하숙집 아줌마더러 한창 힘든 사춘기 아이의 부모 노릇까지 하라는 격이라 조금 얄밉게 느껴지곤 합니다. 유학을 빌미로 부모의 책임을 회피하는 것처럼 보이기 때문입니다.

생업 구조가 바뀐 근대 사회에서 학교라는 제도권 교육기관이 생겨난 배경에는 아이들을 집단으로 맡아 주는 역할도 있었습니다. 그런데 요즘 학교는 오직 그 기능만 남은 느낌입니다. 맡기는 맡되 지식뿐 아니라 인성·문화·예술적 소양 등 지·덕·체를 겸비한 학교 교육의 본래 모습은 쏙 빼고 효율적이며 결과가 눈에 보이는 '지식 주입'만으로 그 시간을 때우고 있다면 지나친 말일까요.

최근 호주에는 홈스쿨링 가정이 크게 늘고 있습니다. '왕따'와 입시 경쟁, 폭력이 일상화된 학교가 더 이상 내 아이를 안전하고 건전하게 보호할 수 없기에 내 자식 내가 키우겠다고 결단하는 대견하고 미더운 젊은 부모들이 속속 생겨나고 있는 것입니다.

홈스쿨링 부모들은 하나같이 학과 공부는 물론이고 폭넓은 독서와 여행, 견학, 탐방, 집안 살림 등 자녀들과 함께 말 그대로 전인적 교육의 진정한 의미를 재발견해 가는 과정이 그렇게 미쁠 수가 없다고 합니다. 홈스쿨링을 실천하고 지켜본 어떤 이는 '한마디로 인간에 대한 신뢰를 배우는 과정'이라고 정의했습니다. 일생 마음에 새겨야 할 교육의 본질을 짚은 말입니다.

  한국도 홈스쿨링 가정이 미미하나마 늘어나는 추세라지만 여전히 요원한 일일 것입니다. 자기만의 달콤한 시간을 포기하고 짧게는 1~2년, 길게는 고등학교 과정을 마칠 때까지 자녀와 삶의 궤를 오롯이 같이하겠다는 각오가 어디 쉬운가요. 홈스쿨링을 통해 부모 자신의 삶도 함께 성장하고 깊은 충일감으로 채워진다지만 결단을 하기는 정말 쉽지 않을 것 같습니다.

지폐의 추억

어느 나라, 어느 문화권으로 이동해도 가장 빨리 익히는 것은 돈에 관한 것이지 싶습니다. 21년 전 호주로 이민 갔을 때도 그랬고, 지난해 한국으로 다시 돌아와서도 잽싸게, 순발력 있게 적응한 것은 단연 '돈', 정확히는 '화폐의 가치'였습니다. 두 번 생각할 것도 없이 돈은 곧 생존과 직결되기 때문이지요.

처음 호주에 정착해서 얼마 동안은 달러가 든 지갑을 열 때마다 나도 모르게 한국 돈으로 환산하게 되더니, 한국에 와서는 거꾸로 '호주 돈으로는 얼마구나.' 하고 물건을 살 때 원화 대비 달러로 값어치 계산을 하게 되었습니다. 그러나 그것도 잠시, 한국 물가를 체감하게 되자 속절없는 버릇도 이내 사라졌습니다.

그러나 한 가지는 아직도 적응이 잘 안 됩니다. 호주에서는 은행 창구나 현금자동지급기는 물론이고 상점 등에서 돈을 주고받을 때 언제나 지폐의 얼굴과 무늬가 같은 방향으로 정리되어 있습니다. 한국 돈을 예로 들어 말하자면 1만 원권의 경우 앞면의 '세종대왕'과 뒷면의 '혼천의'를 뒤섞지 않고 한 면으로 가지런히 정리해서 주고받는다는 뜻입니다. 5000원권의 '율곡'과 1000원 지폐의 '퇴계 선생'도 뒷면의 수박과 여치 따위, 산수화에 이마를 부딪혀 '기품과 체면'을 잃는 일이 없도록 배려한다는 말이기도 합니다.

처음 호주에선 이게 잘 되지 않아 힘들었습니다. 가령 '돈다발'을 들고 은행에 갔다고 칩시다. 5만 원권이든, 1만 원권·1000원권이든 창구 직원이 돈을 세기 전에 화투짝 맞추듯 한 장 한 장 지폐의 그림부터 맞추기 시작한다면 차츰차츰 속에서 열이 올라올밖에요. 무심코 지폐의 앞뒤 장을 섞어 가지고 갔다간 하릴없이 기다리며 꼼짝없이 '벌을 서야' 하는 것입니다.

그 나라에 살 때 '뭉칫돈'을 예금하려다 예의 '그림 맞추기'에 딱 걸려 버린 적이 있었습니다. 그런데 그 순간 내면에서 예상치 못한 일이 일어났습니다. 시선은 은행원의 손동작에서 비끼질 못하면서도 생각은 어느 새 '지폐의 추억' 속으로 빠져드는 게 아닌가요. 반찬 값 한 푼 두 푼 아낀 것, 사고 싶은 것 꾹 참은 일, 외식 거르고 '굳힌' 돈에 대한 기억서껀 모아진 돈의 궤적에 나만의 사연과 에피소드와 스토리와 서사가 되살아나며 새삼 살뜰한 마음이 들었던 것입니다.

　돈이 나와 더불어, 나의 시공간과 더불어 개체적이고 주체적이며 인격적으로 다가왔다고 할까요. 돈을 너무 '사랑한' 나머지 한 장 한 장 다리미로 펴는 사람도 있다지만, 다림질을 하든, 무늬를 맞추든 돈 자체를 소중히 다루는 과정에서 돈에 대한 성찰을 얻은 건 다소 뜻밖의 경험이었습니다.

　그랬는데 다시 한국에 돌아와 앞뒤 면이 뒤죽박죽인 지폐를 주고받으니 손길도, 마음도 그저 무심해지고, 가지런한 데서 읽히던 정성도, 여유도 느껴지지 않습니다. 무조건 많으면 좋은, 질보다 양, 욕망의 수단으로 돈의 가치가 여겨질 뿐 그 돈에 얽힌 나와 너, 우리와 그들의 땀과 노력과 수고를 서로 헤아리고 돌아볼 겨를이 없는 것입니다.

　독일의 사회학자 게오르크 짐멜의 『돈에 대한 성찰』이란 책에는 돈이 자극하는 감정과 신에 대한 감정이 심리학적으로 매우 유사하다는 말이 나옵니다. 심리적 안정과 조화, 평온과 기쁨을 주는 대상으로 신과 돈의 표상을 함께 사유한 것이 흥미롭습니다.

　실존적 불안에 봉착한 영혼이 절박하게 신을 찾는 것처럼 현대인들은 돈을 많이 벌고 재물을 축적하는 것을 생의 목표로 삼아 불안심리에서 벗어나려 합니다. 그 때문에 검고 불투명한 돈, 떳떳하지 못한 과거력이나 지저분한 흔적 때문에 '세탁'을 해야 할 지경의 '구린' 돈도 마다하지 않는 것이겠지요.

'세월호' 이후 '돈보다 안전, 돈보다 원칙, 돈보다 생명, 돈보다 사람'이라는 구호가 넘치고 있습니다. 구호가 구호에 그치지 않도록 하기 위해 지금 당장 지갑 안의 지폐를 앞뒤 맞춰 정리하는 것부터 해 보면 어떨까요? 타인과 돈을 주고받을 때, 은행에서 현금 인출기에 돈을 넣을 때도 그 점을 한번 신경 써 본다면……, 좀 엉뚱한가요?

'돈은 최상의 종이자 최악의 주인'이라는 말도 있듯이 돈은 우리와 일평생 궤적을 함께합니다. 돈 자체를 소중히 다루는 일은 그래서 의미 있습니다. 경험해 봐서 압니다.

시(10)월(月)애(愛)

10월입니다. 그것도 1일입니다. 고열, 미열, 신열 할 것 없이 지난여름의 열이란 열은 죄다 내린, 말갛고 보송한 얼굴로 가을이 찾아왔습니다.

더워 죽겠다 할 땐 언제고 같은 입에서 아침저녁으론 춥단 소리가 나오니 이럴 때 잘 쓰는 상투적인 말, '인간이 참 간사하다.'고 하지요.

하지만 아무리 그래도 릴케의 시구처럼 '여름은 참으로 위대했다.'고는 도저히 못하겠습니다. 시간 지났다고 그렇게는 못하겠습니다. 위대는커녕 지난여름은 치졸하고 옹졸했습니다. 지독하고 인색했습니다. 사람이 간사한 게 아니라 실은 여름이 너무한 거였습니다.

그러나 옛말하고 살 때가 온다는 말은 계절에도 적용되나 봅니다. 그 지겹던 더위가 어느새 물러가고 이렇게 아깝도록 상쾌한 날을 맞고 있으니 말입니다. 꼭 거짓말 같습니다.

 마치 사지(死地)를 뚫고 나온 전사(戰士)들마냥 연일 높고 푸른 초가을 하늘 아래 폭염을 이긴 자들의 승전보가 나부낍니다. 계절을 만끽하는 행인들의 발걸음은 경쾌하고, 가을바람에 상큼하니 나부대는 젊은 여성들의 긴 머리는 청초합니다.

 예의 폭염이 기승을 부리던 8월의 어느 날, 우연히 서울의 한 대학가에서 교환 학생으로 왔다는 두 인도네시아 여학생을 만났습니다. 영어로 말문을 여는 제가 오히려 무색하게 두 학생의 우리말은 의사소통에 문제가 없었습니다. 이야기 끝에 둘은 합창을 하듯 한국은 사계절의 나라라서 남은 한국 생활이 기대된다고 했습니다.

 일 년 내 끈적이며 더운 자기네 나라에서야 이 정도 더위쯤이야 아무것도 아니고 한국 체류의 큰 의미는 사계를 골고루 즐기고 음미하는 것에 있다며 호기심 어린 눈을 반짝였습니다.

 '봄 여름 가을 겨울, 사계절의 나라, 한국', 아마도 인도네시아에서 그렇게 배웠나 봅니다.

 그러나 저는 곧 자신 없고 시무룩해졌습니다. 그 학생들에게 "그래, 한국의 멋지고 찬란한 사계를 기대해도 좋아. 일생 잊지 못할 추억이 될 거야."라고 맞장구쳐 주질 못했습니다.

우울하고 인정하기 싫지만 우리가 사계절을 잃은 지는 실상 꽤 되지 않았습니까. 시나브로 우리나라는 여름과 겨울만 있는 '두 계절의 나라'가 되어 짧아진 봄, 가을은 그저 두 극단을 잇는 '실낱같은 희망'으로만 존재하는 것 같습니다. 마치 찰나에 머물 듯 애절함과 아쉬움을 남긴 채 우리 곁에서 곧 사라져 버릴 것이기에 말입니다. 그렇다고 '계절이 우리를 속일지라도 결코 슬퍼하거나 노여워 말자.' 운운할 일도 아닙니다. 계절이 우리를 속인 게 아니라 우리가 계절을 속인 것이니까요. 우리 모두는 봄과 가을을 질식시킨 공범입니다.

마구, 함부로, 먹고 쓰고 내뿜고 버리고 묻고 파내고 베어내고 뽑아내고 하는 사이에 지구가 병들고 자연이 제 방식으로 순환하지 못한 것은 순전히 우리 탓입니다.

우리가 사는 환경을 여간 못살게 굴지 않았다는 뒤늦은 후회, 그리고도 아무 일 없을 거라며 비겁하게 외면했던 결과가 '봄 가을 실종'이라는 부메랑이 되어 돌아온 것입니다.

범인은 현장에 반드시 다시 나타난다더니 그래 놓고는 우리끼리 수군거립니다. "언제부턴가 봄, 가을이 없어졌어. 이제 곧 추워질 테지. 올 겨울은 또 얼마나 추울까, 눈도 많이 오겠지? 걱정이네." 더위가 꺾이던 9월 내내 몇 번이나 이 소리를 들었습니다.

이제 겨우 여름내 흘린 이맛전의 땀을 훔쳤건만 벌써 추워질 걱정으로 그나마 짧은 가을을 제대로 누리지도 못할 모양입니다. 죄는 미워하되 죄인은 미워하지 말라고 했으니 계절을 망쳐 놓았지만 그래도 우리끼리는 서로 위무해야 할까요?

지난 9월 서늘한 바람이 불기 시작하면서 여름에 만났던 인도네시아 여학생들이 자꾸 생각납니다. 자기네 나라에는 없는 계절, 한국의 가을이 드디어 시작되었다고 좋아하고 있을까, 10월은 또 어떤 마음으로 맞고 있을까 ….

매서운 겨울이 조금이라도 더디 오기를, 이 가을이 조금이라도 더디 떠나기를 벌써부터 기도하는 이유입니다.

이름값을 한다는데

제가 가는 미용실 주인의 이름은 '매화'입니다.

머리 할 순서를 기다리다가 우연히 들었는데 성은 생각 안 납니다. 시울 변두리, 가난한 동네 미용실의 '미용사 이름스럽다'고 지레짐작하기 전에 젊은 그네의 예쁘고 세련된 용모를 일단 먼저 봐야 합니다. 어릴 적부터 얼마나 예뻤으면 부모로부터 꽃 이름을 지어 받았을까만 '당최' 얼굴과 이름이 어울리질 않습니다.

본인이야 '당근' 자기 이름을 싫어하지요. 어쩌다 이름 얘기가 나오는 바람에 그날은 그렇게 됐지만 여태껏 자기 이름을 당당히 밝힌 적이 한 번도 없답니다. 이런 사람 앞에서 제 이름을 말할 수야 물론 없지요. 제가 누군가요, 자타가 공인하는 이름의 '지존' 아닙니까.^^

생긴 것도 중요하지만 이름도 얼굴만큼 중요하다는 걸 문득문득 느낄 때가 많습니다. 정체성과 자존감 문제로 치자면 어쩌면 이름이 더 중요하다 싶은데, 잘생기고 못생긴 거야 부모도 어쩌지 못하지만 이름은 어디까지나 부모의 의지와 결정의 산물이니까요.

아들도 아닌 딸, 그것도 위로 두 언니를 둔 존재감 없는 막내의 이름을, '가족이나 자식보다 국가와 민족을 더 사랑하는' 중에 작명가를 찾아가 지어 왔다는 것이 '희미한 옛사랑의 그림자'보다 더 희미한, 저에 대한 아버지의 유일한 사랑으로 여겨지는 것도 그 때문입니다.

'임신중', '주기자' 같은 류의 '고전 버전'을 비롯해서 서양으로 이민 간 후 남편 성으로 바꿔 불리는 바람에 '양말년'이 되었다는 '황당 버전'(이분의 원래 성은 '김', 그래서 '김말년'이었다는데 이민 가기 전에 김밥 집을 했는지는 확인된 바 없습니다)에 이르기까지 웃지 못할, 아니 웃을 수밖에 없는 이름들이 믿을 수 없이 많습니다.

알게 모르게 부모에 대한 원망을 품고 뒤늦은 한이라도 풀겠다며 나이 50이 넘어서 개명을 하는 사람도 있다지만 다 늙어서 하는 성형수술보다 더 허망한 몸짓이 아닐까 싶습니다. 불리지 않으면 이름이 아니거늘, 반백 년을 사는 동안 이미 형성된 관계 속에서 새 이름을 불러줄 이, 그 몇이나 될까 말입니다.

사람 이름은 그렇다 치고 일전에 부산 어느 해안가 마을에서 목격한 '푸짐한 대변'을 아직도 떨쳐내지 못하고 있습니다(실은 그 이야기가 하고 싶어서 이 글을 쓰고 있습니다).

'대변'이라는 지역 명을 딴, '대변'으로 시작하는 각종 간판과 상호 중에 '대변 식당'도 있었던 것 같고, 대변을 한곳에 모아두는 것으로도 모자라 옆으로 묻혀 옮겨 '모 은행 대변지점'까지 있었기 때문입니다.

그 와중에 '대변 초등학교'를 나온 아이들은 어른이 되어서도, 평생이 가도 냄새를 씻어내지 못할 것 같아 자못 걱정되었습니다(향토성을 살리고 애향심으로 지은 이름을 가지고 농담을 했습니다. 용서하십시오). 대변에 대해서 "멸치축제로 유명한 부산광역시 기장군의 대변항은 '아름다운 어촌 100곳'(해양수산부 선정) 중 하나다. 대변(大邊)은 해변이 크다는 뜻이지만, 사람들은 자꾸만 대변(大便)을 연상한다."라는 글을 읽은 적이 있습니다.

병원 이름으로는 '자생한방병원'이 멋있습니다. 병과 몸을 우주적 통합 원리로 이해하는 한의학의 치료 본질을 '자생(自生)'이라는 의미 안에 담아내고 있기 때문입니다. 모름지기 이름이란 고상한 내면과 정신의 지향점을 담는 '무형의 그릇'이자 '의미의 틀'일 수 있어야 한다는 점에서 '자생'은 잘 지은 이름입니다.

이름은 그저 기억하기 쉽고 부르기 쉬워야 한다며 사람 이름을 그런 기준으로만 짓는다면 본인에겐 평생 걸림이나 상처가 될 수 있고, 제품명이나 상호, 간판일 경우엔 거북하거나 정도에 따라 공해가 될 수도 있습니다. '이름대로' 사는 사람도 주변에서 자주 보질 않습니까. 고아라는 뜻으로, 길에서 태어났다고 '길태'로 지었다는 '김길태'. 후에 오보라는 말도 있었지만 그 말을 처음 들었을 때 '한 사람의 영혼을 죽이자고 작정하지 않고서야…….' 하고 섬찟했던 기억이 납니다.

이름은 곧 정체성이자 자존감, 명예의 상징입니다. '이름값을 한다.'는 말이 공연히 있겠습니까. 사회적으로 너무나 혼란스러운 요즘, 주위를 둘러보며 말도 안 되는 어지러운 이름들까지 한몫 보태고 있다는 생각이 드는 것도 무리가 아닙니다.

돌이 될 수 있다면

저를 만나는 사람들은 첫 만남이라 해도 별 망설임 없이 자기 속내를 털어놓거나 마음 안의 이야기를 꺼냅니다. 한두 번도 아니고 여러 번 그런 일을 겪다 보니 '내게 남의 마음을 무장해제하는 재주가 있나 보다.' 하는 생각이 듭니다.

자격증 가진 상담사도 아니고 사랑의 전화나 생명의 전화 요원도 아닌 제게 어떤 분은 일생 감춰 뒀던 비밀 이야기를 들려주기도 하고, 부끄러운 과거, 불편한 욕망 같은 것을 아무렇지 않게 발설하기도 합니다. 아직도 꿈이 수줍은 '노년 청춘'이 조근조근 들려주는 삶의 환희가 있는가 하면, 질곡과 통한의 세월 속에 좌절된 꿈을 제 치마폭에 쏟아놓으며 "내가 초면에 왜 이런 이야기까지 하는지 모르겠다."며 스스로 의아해하는 분도 계십니다.

부부 사이나 아이들과의 갈등, 쪼들리는 살림, 부대끼는 사업 이야기도 저한테 할 때는 별로 자존심 상해하지 않습니다. 크고 작은 실수담과 실패담도 털어놓고 어떤 땐 두 사람이 따로 와서 서로 흉을 보고 갈 때도 있으니 시쳇말로 제가 입을 벙긋하면 여러 사람 다칠 일도 아주 없지는 않을 것 같습니다.

제가 자유칼럼그룹에서 '공감'이라는 타이틀로 글을 쓰고 있으니 아마도 남다른 공감 능력을 가졌을 거라는 짐작에 그러는지 모르지만 전들 남의 속내나 '신상을 터는 재주'가 달리 있을 리는 없고, 그저 지금 눈앞에 있는 사람에게 온전히 집중하는 습관은 있습니다. 그 점에서 상대가 저를 편안하고 친근하게 여기고 자신의 '속살'을 거리낌 없이 보여 주는가 봅니다.

여하튼 수다든, 의논이든, 흉이든, 자랑이든, 독백이든, 분노든, 푸념이든, 하소연이든 직접 대면으로 혹은 이메일로, 전화로 듣게 되는 말, 말, 말들이 세월의 갈피를 따라 어느새 육중한 무게로 제 속을 지그시 누르는 것을 느낍니다.

페르시아 신화에는 마법의 힘을 가졌다는 돌, '생게사브르(syngue sabour)'에 대한 이야기가 있습니다. 사람들은 가슴속 모든 이야기를 이 돌 앞에 가서 털어놓습니다. 그 말을 들어 주고 또 들어 주던 돌은 무게를 감당치 못해 마침내 깨어지게 되고 그 순간 비밀을 털어 놓은 사람은 고통과 번민에서 해방이 된다고 합니다.

자기 고백을 통한 내면의 치유 가치를 말하고 있다는 점에서 우리의 전래 동화 〈임금님 귀는 당나귀 귀〉와 일맥상통하는 데가 있는 신화입니다.

인간의 자기 고백은 이렇듯 큰 의미를 갖습니다. 옹색하고 허술한 구덩이든, 대나무 숲 속이든, 차가운 돌덩이든 가슴속 이야기를 털어놓을 대상이 있을 때 고독과 고통, 나약과 외로움이 위무를 받고 나아가 깨달음에 이르게 되는가 봅니다.

그런데 결국 그 돌덩이가 팍삭 깨져서 산산조각이 나야만 비로소 완전한 해방감을 느낀다니 아마도 "임금님 귀는 당나귀 귀"를 외친 것까진 좋았는데 구덩이나 숲이 엉성해서 자칫 소리가 새나갈까 봐 전전긍긍하는 것과 같은 연유일 것입니다. 믿을 만하다고 여긴 대상에게 속을 모두 쏟아냈는데 어느 날 그 말이 세상에 떠돌고 있다면 더 엄청난 고통일 테니까요.

그리고 보니 사람들이 저를 아주 단단한 돌로 취급하는 모양입니다. 사람들은 저를 믿고 깊은 이야기를 하지만 저는 그냥 그 앞에 앉아만 있을 뿐 아무것도 하는 것이 없으니 천상 돌입니다.

온갖 말과 글이 난무하는 세상입니다. 사이버 공간이건 어디건 모두들 자기 말을 하기 바빠 남의 말을 들을 여유도 없고 듣고 싶어 하지도 않습니다. 마치 자기 주머니만 챙기려고 혈안이 된 난전의 장사치들 같습니다. 좌판 벌인 사람만 있지 정작 팔아 주는 사람은 없으니 장사치들끼리 서로 노려보고만 있을 뿐 진종일 장판에 돈 한 푼 돌지 않는 형국입니다.

  새해가 밝아옵니다. 또 다른 한 해 동안 얼마나 많은 말로 서로 상처를 내고 화를 돋우고 오해에 오해를 낳을지 생각만 해도 벌써부터 질립니다.

  서로가 서로에게 돌이 되어 볼 일입니다. 나는 너에게, 너는 나에게 '잊히지 않는 하나의 돌'이 되어 인내하고 또 인내하며 들어 주고 또 들어 주다 깨어질 각오까지 해 볼 일입니다. 판단하지 말고, 색깔 넣지 말고, 맞장구도 치지 말고 상대가 혼자 말하게 하고 그로써 치유받게 하고 스스로 깨닫게 할 일입니다. 다가오는 새해는 초장부터 묵묵하게 시작해서 한 해 내내 묵묵했으면 좋겠습니다.

PART ❸

동행

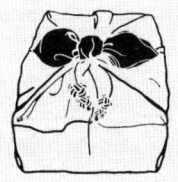

나 좀 늙게 내버려 둬!

"교통사고 났을 땐 응급실에 갈 게 아니라 성형외과로 가야 나중에 흉터도 없고 잘 회복된다더라."

며칠 전 친정어머니가 하신 말씀입니다. 건성으로 들은 것도 아닌데 내용이 언뜻 와 닿지 않았습니다.

'사고로 다쳤는데 왜 성형외과를 가지? 성형외과는 쌍꺼풀 하고 코 높이고 턱 깎고 주름살 펴는 곳이잖아.' 어머니의 '지당하신' 말씀에도 불구하고 저도 모르게 생각이 이렇게 흘렀기 때문입니다.

'성형' 하면 '미용'이라는 자동 연상으로 '상처 교정'이나 '기능 장애 개선'이라는 본연의 업무와 선뜻 연결되지 않았던 것입니다. 순간 실소가 나왔습니다. 상처 꿰매려고 그토록 많은 성형외과가 있을 리 없고, 기껏 상처 꿰매면서 그토록 많은 성형외과가 광고에

열을 낼 리가 없을 테니 말입니다.

 바야흐로 대한민국은 성형 공화국입니다. 얼굴이 무슨 도화지나 헝겊 쪼가리라도 된단 말인가요. 자르고 오리고 쪼개고 도려내고 이어 붙이는 장난을 무시로 하고 있으니. 차라리 얼굴 자체를 플라스틱으로 바꿔 끼우고 방부제까지 '먹이지' 그래요? 그러면 일생 주름 걱정 안 해도 되잖습니까.

 성형 운운 중에서도 제일 듣기 싫은 건 요즘은 남자들까지 가세한 '동안 타령'입니다. 단지 어려 보이고 싶다는 이유로 중년은 청년들을, 청년은 10대를 부러워하는 기이한 현상을 도무지 이해할 수 없습니다. 그럼 10대들은 갓난아기를 동경해야 할까요? 갓난아기들은 태아의 동안을 흠모하고요? 어려 보이면 인생이 뭐가 어떻게 달라진단 말인지. 어려 보이는 것이 인생의 행복이나 의미와 무슨 상관이 있단 말인지.

 이 지경이니 얼굴은 다림질한 듯 팽팽한데 마음은 일찌감치 겉늙어 버립니다. '몸은 늙어도 마음은 그대로요, 이팔청춘에 마냥 10대'라는 말을 요즘은 거꾸로 해야 할 판입니다. '50이 넘어도 몸은 그대론데 허구한 날 동안 타령으로 마음은 10대만 돼도 벌써 시들해진다.'고 말입니다. 이러면 살아도 산 것 같지가 않겠지요? 백설공주 계모처럼 만날 거울만 들여다보면서 전전긍긍 두려울 테니까요.

말은 이렇게 하지만 솔직히 저도 우울합니다. "성형수술 같은 건 하는 게 아니다. 자연스럽게 늙어 가야 한다. 나의 노(老)를 허하라!"고 글을 통해 시시때때로 '잘난 척'을 했으니 이제 와서 남들처럼 성형수술을 할 수도 없습니다. 그렇다고 나만 늙어 보이는 것도 싫습니다. '성형수술, 난 그건 안 한다.'라고 결론 내리고 사는 사람이라 해도 마음이 마냥 편하진 않다는 뜻입니다.

여기를 깎아라, 저기를 꿰매라고 자꾸 '지적질'을 하고 '충동질'을 해 대니 정신 '시끄럽고' 성가셔서 내 인생에 집중할 수가 없는 것입니다. 상황이 이쯤 되면 "젊음이란 20대 청년으로 돌아가는 게 아니라, 자기 연령에 걸맞은 청춘을 매번 새롭게 '창조'하는 것이다."라고 한 어느 철학자의 말도 위안이 되지 못합니다.

그러니 어쩔 건가요. '생로병사'라는 지극히 자연스러운 삶의 이행을 '이탈'하려는 몸부림을 어떻게 받아들여야 할 것인가 말입니다. '소외'라는 말을 많이 하지만 소외란 '낯섦'이란 뜻이나 다름없습니다. '낯섦'은 자기 아닌 외부 대상에서 오는 설뚱한 감정, 어떤 것이 목적이 아닌 수단이 될 때 발생하는 개념을 말합니다.

소외 가운데 가장 무서운 소외는 인간 소외를 넘어 '자기 소외'입니다. 자기가 '낯설어'지니 정체도 자존도 허물어집니다. '존재' 자체가 위태로운 것이지요. '남의 눈에 보이는 나'를 좇는 순간 나는 이미 하나의 소비재이자 좌판에 놓인 상품이 되어 버립니다. 자신을 상품화해 타인의 비위를 맞추려니 자기 자신이 낯설어지고 안정적 삶을 이어 갈 지혜를 얻을 수 없습니다.

한국 말고 지구상 어느 나라에서 자기 얼굴이 마음에 안 든다고 '확 뜯어고치고 다 바꿔' 버리는 짓을 할 수 있을까요. 무서운 생각이고 무서운 일입니다. 쌍꺼풀 진 눈, 오뚝한 콧날, 하관 빤 '복제인간'들과 팽팽하다 못해 뻔뻔한 얼굴의 중년들을 마주칠 때마다 전 이렇게 외칩니다.

"나 좀 늙게 가만 내버려 둬!"

누구 고생 시키려고

호주에 살 때 이야기입니다. 10년쯤 전 양로원에서 6개월 정도 일한 적이 있습니다.

짐작하다시피 노인요양시설에서는 한 달에도 몇 번씩 장례 치를 일이 생기곤 하는데 직원들은 간병하고 시중들던 노인이 돌아가시면 방을 정리해 드리는 것으로 고인의 마지막 길을 배웅합니다.

입주 기간에 따라, 방 주인에 따라 유품의 양이나 종류가 달라지니, 생전에 소유를 즐겼던 분들은 유독 이것저것 소지품을 많이 남겨 둔 채 세상을 떠나기 마련입니다.

쇠약하고 병약해진 몸으로 외출할 일도 거의 없고 '시설'에서 생활하니 세면도구와 갈아입을 옷 몇 벌, 실내화 두어 켤레만 있으면 더 이상은 뭐가 필요 없을 것 같은데 그게 꼭 그렇지만은 않습니다.

특히 성정이 아기자기한 할머니들은 마치 10대 소녀나 새댁처럼 귀엽고 앙증맞은 소품이나 세간을 가지고 들어오거나 가족이나 지인들의 면회 때 부탁해서 계속 사들이는 경우도 있습니다.

사물함이나 장롱에 옷과 구두가 가득한 소싯적 '한 멋' 했던 할머니들도 있습니다. 노구를 침상에 붙박은 채 여생을 마칠 처지임에도 일어나자마자 이 옷을 입을지, 저 옷이 좋을지, 연회장에라도 가는 듯 매일 아침 그날의 '드레스 코드'를 정하고 '컨셉트'에 맞게 메이크업까지 정성스레 한 후 곧장 침대 안으로 다시 드는 것이지요.

그런가 하면 일평생 지적 활동을 해 온 노인들도 이와 마찬가지입니다. 언어나 개념과 연관된 추상적 사고 기능에 혼란과 장애가 있음에도 사방에 책을 꽂아 두고 버릇처럼 이 책, 저 책을 펼치거나 신문을 스크랩하며 종일을 보냅니다.

살아서는 나가지 못할 곳, 유명을 달리할 회색 지대, 이승과 저승의 환승역 같은 공간 안에서도 평생 살아온 습관대로 시간을 이어 가는 것이지요. 걸머졌던 자질구레한 것들을 종당엔 몸 비늘처럼 벗어 놓은 채 세상을 떠날지라도.

누구에게나 자기 방식대로 살 권리가 있고 죽는 날까지 재밋거리가 있어야 하지만 사후에 너무 많은 것을 남겨 두는 것은 별로 달가워 보이지 않습니다. 돈과 단순 교환했을 뿐인 사연 없는 물건들은 물론이거니와 정신적 가치가 담긴 것들조차도 거추장스럽긴 마찬가지입니다.

'시설'에서 돌아가신 분들에 대한 직원들의 평가는 두 갈래입니다. 사후에 치다꺼리할 게 적으면 '고마운 분', 잡다하게 처리할 것을 많이 남겨 두고 가시면 '성가신 분'인 거지요.

호주 요양원에는 유족들이 유품을 거두는 경우가 거의 없습니다. 그러니 뒷정리는 직원들의 몫이 되고 일이 많아지면 자연 짜증이 납니다. 고인에 대한 추억이나 그간의 정리(情理)도 슬며시 퇴색할 정도로 말입니다. 너무나 단출해 유족들에게 보따리 하나 달랑 건네는 것도 민망한 일이지만, 이삿짐 꾸리듯 몇 박스씩 넘겨주면서 그들의 난감한 표정을 보는 것도 곤혹스럽습니다.

어찌 양로원의 일이기만 할까요. 오늘 내 죽음을 만나지 말란 법이 없는데 너무 산만하고 잡다하게 이것저것 가지고 있다면 그걸 정리해야 하는 가족이나 지인들에게 미안한 일이 아닐 수 없겠습니다.

신세 지기를 끔찍이 싫어하는 사람이라도 태어날 때와 죽을 때만큼은 남의 손에 의지해야 하니 너무 많은 것을 두고 떠나지 말 일입니다. 돈도 되지 못하는 것들, 더구나 죽은 자의 것은 소유하기를 꺼리는 우리 문화에서는 거의 모두 버릴 것들인 바에야.

물질이 흔하고 뭔가를 사들이는 것이 중독 현상처럼 된 요즘 사회에서 모르긴 해도 집집마다 물건이 넘쳐날 텐데 오늘 내가 죽는다면 그걸 누가 다 치운단 말인가요.

뭘 그렇게까지 생각하느냐고요?

요즘 혼자 살다 보니 어느 날 쥐도 새도 모르게 죽으면 누군가 내 짐을 정리해야 할 테니 매우 미안하다는 생각을 수시로 하게 돼서 그렇습니다.

저는 검박하고 단출하게 사는 편에 속하지만 치워야 하는 입장에서는 여전히 얼마나 일이 많겠나 싶고, 그가 만약 나를 사랑했던 사람이라면 없앨 게 많을수록 마음은 또 얼마나 아릴까 싶어집니다. 사계절의 나라 한국에서 다시 살게 된 후 옷도 신도 새로 장만하고 욕심을 부리느라 무엇보다 책이 많아졌습니다. 그런데도 봄이 되니 또 뭔가를 사고 싶어 근질거리지만 '누구 고생시키려고' 하는 생각이 들면서 마음을 접습니다.

메멘토 모리, 죽음을 기억하라

시드니 생업 터전인 우리 카페는 길 하나를 사이에 두고 장의사와 마주 보고 있었습니다. 카페의 아침 손님은 장의사 직원일 때가 많고 하루에 한 번은 영구차가 드나드는 걸 보면서 죽음을 가까이, 자연스레 느끼며 장사를 했습니다. 산 자의 배를 채워 주는 곳과 죽은 자에게 예를 갖추는 두 비즈니스가 서로의 거울처럼 공존하며, 사는 일에만 들떠 경박해지는 조(躁)증과 죽음에서 묻어나는 침울하고 습진 울(鬱)증의 양극성에 절제된 균형 감각과 저어하는 마음가짐을 나눌 수 있는 것도 좋은 일입니다.

이렇게 말하니 가게가 저 어디 화장터나 납골당 가까운 음침하고 스산하며 황량한 도심 외곽, 허술한 곳 어느메에 있겠거니 짐작할 수도 있겠습니다. 장의사와 마주하고 있다니 말입니다. 한국에서라면 병원이라면 모를까 도심지나 주택가에 단독 운영되는 장의사나 장례식장이 있는 경우가 드무니까요.

하지만 우리 카페는 시드니 시내에서 10분 거리의 이른바 '부촌'에 있습니다. 자랑하듯이 구태여 '부촌'을 언급한 이유는 이 나라는 장례 관련업이 동네 한복판에 들어서 있어도 거부감이나 거리낌을 전혀 안 느낄 뿐 아니라 싸전, 육간, 청과상 따위가 집 근처에 있어야 편하듯이 동네에 장의사가 있는 게 당연하다고 여기는 점을 강조하기 위해서입니다.

그렇다고 공포스럽고 기괴한 혐오 시설이려니 지레짐작하면 오해입니다.

정숙하고 적요하고 나부죽하게 자리 잡은 그곳은 안식에의 소망을 싯들게 하고 죽음에 대한 호기심과 신비감마저 자아내기 때문입니다. 빗장을 열기만 하면 장의사 출입문이 곧 천국문일 것 같은 착각이 들 정도로 말입니다.

장의사뿐만이 아닙니다. 공동묘지가 공원처럼 조성되어 있는 주택가와 시내 한복판, 교역자나 교인들의 묘로 마당을 가꾼 교회들을 곳곳에서 일상으로 마주칩니다. 마을 공동묘지를 가로질러 위치했던 아이들의 초등학교, 봄볕 다사로운 등하굣길을 죽은 자의 묘비명을 읽으며 소풍길처럼 함께 다녔던 기억도 있습니다.

그럼에도 대부분의 현대인, 특히 한국인들은 죽음을 삶 속에서

몰아낸 문화, 죽음을 망각한 문화 속에 살고 있습니다. 죽음에 외돌아 앉아 외면하기만 하면, 내게 죽음은 없다고 단말마로 외치기만 하면, 멈칫멈칫 준순(逡巡)하고 있으면 죽음은 영영 나를 비껴갈 듯이 시침을 뚝 떼고 살아갑니다.

주변에서 죽음을 실제로 목격하는 일은 매우 드물고, 죽음에 대한 '소식'과 '보도'만 무성합니다. 각종 건강 관련 보험, 노후 대비 상품 등을 구매하는 것으로, 젊게 가꾸고 활기찬 것으로 죽음의 문제를 해결한 것처럼 천연덕스럽습니다.

죽음이란 '죽어도' 피해야만 하는 것, 나하고는 무관한 것, 영원한 남의 일, 지독하게 낯선 대상일 뿐이니, 이쯤 되면 차라리 죽음을 떠올리며 공포심과 두려움이라도 든다면 오히려 다행한 일이라 하겠습니다. 이 세상에 삶만이 있기를 바라는 것은 죽음만이 있기를 바라는 것과 다를 바가 없다는 말이 있습니다. 인간은 살아가면서 죽고, 죽으면서 살아가는 존재라는 의미입니다. 인간의 존재 양상 자체가 '죽는 것 따로, 사는 것 따로'일 수 없다는 뜻이지요.

이별이 전제된 연인들은 더욱 절절하게 서로에게 파고들고 둘만의 관계에 온전히 집중할 수밖에 없지요. 곧 닥칠 이별을 명료히 인식하고 있기에. 죽음에 대한 인식과 생각이 명료할수록 삶도 덩달아 명료해질 수밖에 없는 것도 같은 이치가 아닐까요.

삶의 한복판에 죽음을 들여놓는다면 젊음과 물질에 대한 집착을 약간은 덜게 되고, 주변 사람들에게 좀 더 너그러워지고, 지금보다는 더 감사하며 내면의 기쁨에 초점을 맞추게 될 것입니다.

무엇이 되었건 기억하기 가장 좋은 방법은 간간이, 때때로, 수시로 되작거려 보는 것입니다. 죽음도 마찬가지. 제가 살았던 호주처럼 한국에도 마을마다 거리마다, 할 수 있다면 쇼핑센터나 백화점에도 장의사 등 '죽음 사업체'가 들어선다면 죽음을 더 자주 기억하게 될 테지만……, 아마도 힘들겠지요. 그나마 딴 때보다는 '죽음 생각'이 나는 겨울의 초입, 한 해의 끝자락입니다.

'메멘토 모리, 죽음을 기억하라!'

그것이 곧 온전하고 진지하며 열정적으로 살아가는 길, 즉 '삶을 기억하는 길'이라고 하니까요.

그러기에 밥 좀 해 주지

며칠 전에 만난 한 중년 남자 왈, 자신의 묘비명은 아마도 "그러기에 밥 좀 해 주지."가 되지 싶답니다. 영국 극작가 버나드 쇼의 묘비명, "오래 살다 보면 이런 일(죽음)이 있을 줄 알았지."를 패러디한 건 짐작하겠는데, 왜 하필 밥?

은퇴 후 집에 있는 남편들의 5대 별칭, '영식님, 일식씨, 이식군, 삼식이, 사식놈'과는 무관하게 젊어서부터 장사를 해 온 그는 애초 신혼에도 '영식이'였다는데, 결혼한 지 20년째, "마누라 손에 밥을 얻어 먹어본 게 다 합쳐서 한 달이나 될라나……." 공허한 그의 눈길이 허공에 머뭅니다.

마누라가 밥을 안 해 줘서 굶어 죽은 남자가 있다면, 게다가 묘석에까지 그 원망을 새겨 두었다면, 남자의 한이란 오뉴월 서리

정도가 아니지 않겠습니까.

"자기 손으로 해 먹든가, 사 먹으면 될 일이지, 널린 게 식당인데."라고 한다면 너무 무심한 소리입니다. 그 남자는 자기 밥뿐 아니라 자식 밥까지 챙기는 데다 무엇보다 식당을 하는 사람이니까요.

근데 그 남자뿐이 아닌 것 같습니다. 세계 10위 경제대국임에도 유독 제 집에서 밥을 굶는 남편들이 부지기수라니까요. 일껏 돈 벌어 주고 마누라한테서 따뜻한 밥상 한번 못 받는 대한민국 남자들의 자화상이 측은하고 민망합니다.

남편들은 왜 그토록 '집 밥'에 목을 매며 밥 구걸을 하는 걸까요? 밥이 그저 밥이 아니기 때문인 게지요. 그것은 곧 사람 사이의 기본적인 예의, 원초적 사랑, 일상적 관심과 동의어이자, 특히 남편들에게 밥은 곧 아내의 애정이기 때문이지요.

그러기에 아내의 사랑을 갈망하고 희구하다 지쳐 버린 남편들의 뻥 뚫린 가슴속의 허기짐, 허전함, 소외감, 우울감, 무력감, 결핍감이 어느 정도일지 짐작되고도 남습니다. 그렇다면 미운 남편 밥 안 해 주는 아내는 복수, 설욕, 앙갚음의 희열에 들뜰까요? 같은 여자인데도 이해가 안 갑니다.

물론 부부관계가 그 지경까지 황폐해진 것이 아내 탓만일 수는 없겠지요. '관계'라는 말 속에는 이미 상호성이 내재되어 있으니까요.

채워지지 않는 남편의 애정에 대한 불만, 기대했던 결혼 생활에 대한 실망을 기껏 남편 밥 안 해 주는 것으로 보복하는 수동적이고 저항적인 아내들의 치졸함도 민망하긴 매한가지입니다.

다만 위기의 부부, 정서 이혼 상태에 놓인 중년 부부의 갈등 키워드가 '밥'이라는 것이 치사하고 서글플 따름입니다.

레이먼드 조가 쓴 책 『관계의 힘』에는 이런 대사가 나옵니다. "자네 등 뒤에는 보이지 않는 끈들이 이어져 있네. 그 끈들을 아름답게 가꾸는 일이 곧 인생 전부라네……. 정말 그게 전부야." 그 거창한 끈이란 곧 '관계'라고 저자는 말합니다.

> "자네를 증명하는 것은 자네의 육체도 능력도 아니네. 나와 관계 맺는 사람들이 나를 증명해 주지. 우리의 몸속에는 사람을 사랑하라고 프로그래밍돼 있네. 그 위대한 명령을 따르는 게 순리고 인생이야. 사람은 사람 없이 못 살고, 사랑 없이도 못 사네. 인간의 과업은 타인과 관계를 맺고 사랑을 주고받는 것이라네."

레이먼드 조가 제안하는 관계 맺기의 중요한 요소는 '관심, 먼저 다가서기, 공감, 진실한 칭찬, 웃음' 등 다섯 가지입니다.

그 남자는 자기 아내에겐 인간 속성으로나 사람 된 도리로나 도저히 이해할 수 없는 어떤 '맹점'이 있다고 했습니다. 다른 남자에게서도 자기 아내는 벽이라는 말을 들은 적이 있습니다. 반대로 남편에 대해 절망적 항변을 하는 아내들도 몇 명 알고 있습니다. 저는 전적으로 그들의 말을 믿습니다.

하지만 밉상스러운 행동이야 어떻든 아내나 남편이나 배우자로부터 사랑받고 싶고 관계를 회복하고 싶은 갈증은 동일합니다.

우리 아내들, 밥은 일단 해 주는 게 어떨까요. 그러고선 우리가 원하는 걸 받아내 보는 게 어떨까요. 아무리 흉악범도 밥은 먹여 가며 취조하지 않습니까.^^ 그리고 남편들, 어지간하면 아내에게 먼저 좀 다가서고 관심을 보여 주면 안 될까요? 아니 그런 척이라도 해 주면 안 되나요? 그래야 무엇보다 밥을 얻어먹을 게 아닌가요.

그날의 팔순 잔치

　시드니에서 아는 어른의 팔순 잔치가 있었습니다. 친정 부모님이나 시댁 어른들의 팔순을 의미 있게 맞이한 적이 없었던 탓에 초대를 받아 가면서도 어떤 모습, 어떤 내용으로 진행될지 자못 궁금했습니다.

　표현은 '잔치'라고 했지만 '축하예배'로 대신 한다니, 알록달록한 한과와 색색의 과일을 목전까지 재어 놓은 상 앞에 한복으로 치장한 아들, 손자, 며느리가 순서대로 나와 절을 하고 밴드에 맞춰 춤추며 노래하는 다소 민망한 상황이 연출될 거라고는 생각지 않았습니다.

　짐작이 크게 어긋나지 않아 노부부의 한복차림과 부모의 80회 생신을 맞아 여기저기 흩어져 살던 자손들이 한자리에 모인 것

빼고는 특별히 표 나거나 요란함이 없는 조촐한 모임이었습니다. 분위기가 소박하고 자연스러워 모르는 사람끼리 앉았는데도 어색하거나 거북함 없이 모처럼 뜻 깊은 시간을 보냈습니다.

진행 순서를 가만히 따라가다 보니 80성상을 보낸 한 사람의 삶 속에 두 사람 분의 시간이 녹아 있는 것을 발견합니다. 두 사람이 함께 간 길임에도 족적은 하나입니다. 터널을 통과하듯 삶의 긴 시간들을 지나는 동안 마디마디 매듭지어진 스냅사진 속에도 부부는 한 몸인 듯합니다.

시간의 눈금처럼 생의 정지된 한때를 담고 있는 사진들, 그리고 연이은 다음 사진과의 간격에 빼곡이 메워져 있는 그 가족의 역사를, 초대받은 자들은 알 길이 없습니다. 다만 두 어른의 삶도 모두의 그것처럼 대부분은 고단하고 이따금 웃으면서도 생명을 주신 이에 대한 감사와 세상에 대한 아름다움을 잃지 않으려는 노력의 여정이었을 거라고 짐작할 뿐입니다.

'사진과 사진 사이'를 상기하는 두 분의 표정에는 숙연함과 아쉬움, 안도감과 담담함 등이 순간순간 깃들며 교차합니다. 가족들의 지난 세월을 영상으로 되짚으며 간간이 젖은 눈가를 찍어 내는 늙은 아내 옆에 나란히 앉은 팔순의 남편은 어떤 정서에 빠져들고 있는지 슬몃 궁금해지기도 합니다.

'사랑은 언제나 오래 참고……' 단아한 분위기의 큰며느리가 시

어른의 팔순 축가를 부릅니다. 첫 소절부터 비감에 젖는가 싶더니 내내 울먹이느라 끝내는 곡을 마무리하지 못합니다. 성경 구절 속의 사랑의 정의가 가족들이 감내한 시간을 건드린 탓인가 봅니다만, 딸도 아닌 며느리로서 시집의 정서에 흠뻑 동화된 모습이 또 다른 감동을 줍니다.

다음은 남편의 생일을 축하하는 아내의 하모니카 연주, 〈즐거운 나의 집〉이 이어집니다. 이 곡의 작곡가는 평생 가정을 가져 본 적 없는 독신남이라고 어느 책에서 읽은 기억이 문득 납니다. 말하자면 '홀아비가 품은 가정에 대한 환상'이 만든 노래라는 겁니다. 그 말을 처음 들었을 때는 '배신감' 같은 게 느껴졌지만 그 노랫말이 '환상'이 아닌 '진실'임을 이제는 압니다. 그것은 어느 시구처럼 '살아온 날보다 살아갈 날이 더 많은 사람은 결코 모르는, 인생을 살았어도 헛살아 버린' 사람은 결코 알 수 없는 '변증적 진실'입니다.

어쩌면 노부부의 여로는 '즐거운 나의 집' 이전에 '즐거워야 할 나의 집'이라는 당위성을 향해 쉼 없이 밀고 당기며, 격려하고 다독이는 경황 중에 지금 여기에까지 당도했는지도 모릅니다.

산다는 것이 얼마나 많은 굴욕을 필요로 하는가를,
어쩌면 삶이란 하루를 사는 것이 아니라 하루를 견디는 것인지 모른다.

어디까지 끌고 가야 할지 모를 인생을 끌고 묵묵히 견디어 내는 것인지 모른다.

  당장 제목도 지은이도 기억나지 않지만 앞에 인용한 시는 이렇게 마무리됩니다. 노부부 역시 하루하루를 묵묵히 견뎠기에 그날의 팔순잔치를 맞았다는 데 생각이 다다릅니다. 두 사람이 함께한 사랑의 족적이 가정의 울타리를 온전히 지켜 내며 거기까지 올 수 있었다는 것이 존경스럽기만 합니다.

이혼하면 증오일까

지난 한 주간 방송인 김주하 씨의 이혼 소송이 연일 매스컴을 달구었습니다. 원하지 않아도 유명인들의 '결혼 이야기'를 듣게 되는 것처럼 그 사람들의 '이혼 이야기' 또한 안 듣고 싶어도 들어야 합니다.

안 유명한 사람에게도 이혼은 고통스러운 일인데 대명천지에 다 까발려진 이혼 사건은 당사자들에게 참담함과 수치심, 죄의식을 더할 것입니다. 아니 어쩌면 무분별하게 들끓는 대중의 관심이 사그라질 즈음부터 마취에서 깨어나듯 생생한 고통이 시작될지도 모릅니다.

화려한 결혼식 뒤 일상의 밋밋함, 위무의 장례식 후 남은 자의 망연함, 조명 꺼진 무대 뒤의 민낯의 배우처럼 세간의 이목이 걷힌 후 고통은 비로소 이혼 당사자들에게 잔인한 실체를 드러낼 것입니다.

　불행을 견딜 순 있어도 피해 갈 순 없습니다. 김씨처럼 9년을 견뎠든, 저처럼 25년을 버텼든 그때까지 결혼 생활을 지속해 온 데에는 나름의 그럴 만한 이유가 있었을 테니 "당장 그만두지 왜 그러고 살았을까, 똑똑하고 잘난 여자가……, 이해가 안 되네." 하는 따위의 말로 제삼자가 왈가왈부하며 상처를 덧입힐 일은 아닙니다.

　다만 때가 '무르익어' 피할 수 없는 상황이 되었기에 결혼 관계를 종결하는 것일 뿐 상대방을 증오하고 미워하다 못해 전 에너지를 쏟아부어 이전투구하며 끝내는 불구대천의 원수 되는 과정으로 이혼을 받아들여선 안 될 것입니다.

　한때는 '죽을 만큼' 사랑에 쏟았던 열정을 지금은 '죽일 만큼' 격렬한 분노에 옮겨 가 지옥의 화염 속으로 뛰어들 까닭이 대체 무엇이란 말입니까.

　아무리 사랑과 증오가 한 짝이라 해도 부부라는 인연으로 만나 두 사람 사이에 자녀까지 둔, 끊으려야 끊을 수 없는 업을 함께 쌓은 사람들이 어떻게 그렇게 추악하고 잔인하며 소름 돋는 파멸을 향해 거침없이 나아갈 수 있는지 의아합니다.

　살이라도 '베어 먹일' 듯 살가웠던 두 사람이 돌연 서로 살이라도 '베어 먹을' 듯 끔찍하게 구는 것이 이혼이라고는 하지만, 살아가는 모습이 각각이듯, 죽음에 임하는 태도도 사람마다 다르듯, 이혼도 각자 처한 상황에서 정직하게 대면할 수 있어야 합니다.

물론 지상에서 우아하고 고상한 이혼은 없습니다.

거두어진 사랑 앞에 걷잡을 수 없이 냉혹해져서 심지어 변기 옆에 걸린 쓰다 남은 휴지조차 서로 차지하겠다며 옥신각신하고 창고에 처박아 둔 굳은 페인트 통을 배우자에게 빼앗길 수 없다는 일념 하나로 페인트 값보다 백 배는 더 비싼 소송료를 감수하며 변호사를 선임한 경우도 있었다니 말입니다. 이쯤 되면 부부 2인의, 비극을 빙자한 목불인견의 희극이라 아니할 수 없겠지요.

두루마리 화장지, 굳은 페인트가 분노와 증오의 기폭제가 되어 완전히 이성을 잃은 두 사람이 가없는 치사함을 굽이굽이 펼치며 '막장'을 연출하는 것이 정녕 이혼의 어이없는 현실인지는 모르지만 모든 인간관계에는 어떤 형태로든 끝이 있기 마련입니다.

거기에는 어쩔 수 없이 추악한 종말도 있겠지만 우리 대부분은 관계의 몹쓸 끝을 보고 싶어 하지 않습니다. 가능한 한 좋은 매듭을 지으려고 노력합니다. 하물며 일생 중 가장 소중한 관계 맺기라고 할 혼인 관계가 상처에 상처를 덧입으며 결말이난대서야…….

이혼 후에도 삶은 계속됩니다. 더구나 앞으로의 시간은 혼자 꾸려 가야 할 지난하고 쓰라리며 막막한 세월입니다. 그 시간 속을 싸움박질의 상흔을 안고 걸어가야 한다면 얼마나 곤비하겠습니까.

미국 철학자 리처드 테일러는 저서 『결혼하면 사랑일까(Love Affairs: Marriage and Infidelity)』에서 결혼관계가 반드시 사랑으로만 유지되는 것은 아니라고 되짚습니다. 부부의 깊은 사랑을 기반으로 결혼 생활을 지속하는 것이 가장 바람직하지만 현실은 꼭 그렇지 않다는 것은 그의 말이 아니라도 우리 자신이 너무나 잘 알고 있듯이요. 그 책 제목에 빗대어 저는 '이혼하면 증오일까.'라고 말하고 싶습니다. 혼인 관계를 유지하는 데는 사랑 말고도 여러 요소가 있듯이, 서로를 증오하지 않음에도 결별할 수밖에 없는 상황들이 있을 수 있으니까요.

'모든 사랑은 남는 장사'라는 말이 있습니다. 마무리된 지난 결혼 생활에도 분명 사랑이 있었을 것입니다. 아니 대부분의 시간이 사랑으로 채워졌을 것입니다. 분명 '남는 장사'였습니다. 바야흐로 '이혼 시대'입니다. 그나마 우정이라도 남으려면 배우자와의 최선의 마무리를 위해 안간힘을 다해 기본 예의를 갖춰야 합니다. 모든 법적 절차, 조율 과정에서 서로를 존중해야 합니다. 지금 이혼을 준비하는 사람들, 마지막까지 정신 바짝 차릴 일입니다.

죽기 전 가장 많이 하는 후회 Top 5

노인 병간호를 하는 한 호주 여성이 최근에 의미 있는 일을 했습니다. 살날이 얼마 남지 않은 것을 감지한 양로원 노인들이 이 여성에게 지금까지 살아오면서 후회되는 일들을 털어놓았다고 합니다.

묻지도 않았는데 다들 스스로 이야기한 걸 보면 아마도 마음이 따뜻하고 사람을 편하게 하는 성격을 가진 직원이었던가 봅니다. 그는 생의 종착지에 다다른 노인들의 이야기를 정리하면서 매번 똑같은 내용이 반복된다는 것을 깨닫게 되었답니다. 그걸 추려 내니 죽음 앞에서 가장 많이 하는 다섯 가지 후회로 압축이 되더랍니다.

내용은 이렇습니다.

1. 난 나 자신에게 정직하지 못했고 따라서 내가 살고 싶은 삶을 사는 대신 내 주위 사람들이 원하는 (그들에게 보이기 위한) 삶을 살았다.
2. 그렇게까지 열심히 일할 필요가 없었다. (젊어서 그토록 열심히 일하신 우리 아버지조차 내게 하신 말이다.) 그 대신 가족과 시간을 더 많이 보냈어야 했다. 어느 날 돌아보니 애들은 이미 다 커 버렸고 배우자와의 관계도 서먹해졌다.
3. 내 감정을 주위에 솔직하게 표현하며 살지 못했다. 내 속을 터놓을 용기가 없어서 순간순간의 감정을 꾹꾹 누르며 살았다.
4. 친구들과 연락하며 살았어야 했다. 다들 죽기 전에 그러더라고. "친구 아무개를 한 번 봤으면……."
5. 행복은 결국 내 선택이었다. 훨씬 더 행복한 삶을 살 수 있었는데 겁이 나서 변화를 선택하지 못했고, 뒤면 안 된다고 생각해 남들과 똑같은 일상을 반복했다.

그리고 "돈을 더 벌었어야 했는데, 궁궐 같은 집에서 한번 살아 봤더라면, 고급 차 한번 못 타 봤네, 애들을 더 엄하게 키웠어야 했다."라고 한 사람은 단 한 명도 없었다는 부연입니다.

솔직히 새로울 것도 없는 내용입니다. 몰라서 못 하는 것보다 알면서도 안 하는 것에 생애 대부분의 문제가 걸리듯이 죽음 앞에서 직면하는 이 다섯 가지 명제 또한 그러합니다.

지인은 '균질화된 삶, 균질화된 후회'라는 말로 '지금처럼 이렇게 사는 끝이야 다들 뻔한 것 아니겠냐.'는 뜻을 대신했습니다. '지금 알고 있는 걸 그때도 알았더라면'이 아니라 실은 '그때도 이미 알고 있었다.'는 점이 섬뜩합니다. 그래서 더욱 절망스럽습니다. 다만 '후회는 아무리 빨라도 늦는 것'이라는 말만이 선연히 떠오를 뿐입니다.

영혼을 야금야금 떼어 팔면서 욕망을 충족시켜 온 생의 막다른 길, 후미진 골목 끝에서 대부분의 사람들은 '다섯 가지 후회'와 맞닥뜨리게 된다는 '통한의 증언'은 악마와의 거래로 결국 생 전체를 집어삼키운 괴테의 '파우스트'를 연상케 합니다. 파우스트와 악마의 계약 기간은 나와 나의 욕망이 맺은 계약 기간, 즉 삶의 전 기간과 다를 바 없다는 생각을 해 봅니다. 생의 끝에서 통째로 악마 메피스토의 소유가 되어 버릴 불쌍한 내 영혼의 탄식이 들리는 듯합니다.

돈을 더 버느라고, 궁궐 같은 집에서 한번 살아보고 싶어서, 고급 차를 타고 남들 앞에서 폼을 잡고, 자식을 일류 대학에 보내는 것으로 대리 만족을 얻으려고 일평생 발버둥을 쳤으니까요.

'돌이키고 싶어도 절대로 더 이상 기회가 주어지지 않는 상황', 저는 이것이 곧 지옥이라고 생각합니다. 영화 〈박하사탕〉에서 철로를 질주하며 다가오는 열차를 전 존재를 던져 감싸 안을 자세로

"나 다시 돌아갈래!"라고 절규하는 배우 설경구의 이미지가 바로 지옥을 앞에 둔 자의 모습입니다.

북 아일랜드 출신 기독교 변증가이자 소설가 시에스 루이스(C. S. Lewis, 1898~1963)는 "고독과 분노, 증오, 질시, 참을 수 없는 갈망, 관계 단절로 자기 고집과 집착에 갇히는 것, 각각의 사람이 마음 문을 닫고 자기만의 동굴을 만드는 것, 그래서 서로에게서 멀어지고 아무도 타인에게 기대지 않고 서로를 필요로 하지 않는 것, 그래서 공동체가 죽어 가는 것, 이것이 곧 지옥"이라고 묘사하고 있습니다.

그의 말대로라면 우리는 이미 지옥을 '살고' 있습니다.

한 10년 전쯤, 저도 호주 노인 요양원에서 일을 한 적이 있습니다. 그 직원의 깨달음처럼 저도 그때 깨달은 것이 있습니다. 자기가 어떻게 죽을지 궁금해할 이유가 전혀 없다는 것을요. 왜냐면 사람은 살아온 방식대로 죽음을 맞는다는 것을 그때 경험했기 때문입니다.

사람이 사람 안에, 사랑 안에 있다는 자체가 천국입니다. 기대고 치대고 의지하고 바라고 실망하고 부대끼고 다시 시작하고……, 사람 사이에 서로의 영혼이 들락거림을 허하는 것, 그것만이 죽음 앞에서 후회를 줄이는 길이 아닐까 싶습니다.

꽃조차 바쁜 사회

"봄볕 완연하네요. 한국 와서 사계절을 모두 지냈습니다. 덕분에 이제 많이 좋아졌어요."
"안착하셨다니 축하합니다. 곧 한번 뵙지요. 4월 초에 연락드릴게요."
"저 엄청 바빠요, 4월 초 안 되고 15일 넘어야 시간 날 것 같아요."
"알겠습니다. 드뎌 바쁜 것이 미덕인 사회의 일원이 되었군요.^^"
"미덕 부리려고 바쁜 게 아니라 먹고 살려니까 발버둥이죠. 잘 아시면서.^^"

봄 인사 겸 지인과 주고받은 문자 메시지입니다. '바쁜 것이 미덕인 사회'라는 지인의 말, '미덕 부린다'는 저의 억지 조어에 혼자

빙긋이 웃습니다. 지인은 가히 '바쁨의 꽃'이라 할 방송사 보도본부에서 일합니다.

저는 '바쁘다'는 말을 들을 때마다 컨베이어나 생산 라인이 연상됩니다. 규격화된 형식과 일정한 기준에 따라 틀에 짜 맞춰진 결과만 인정할 뿐, 어떤 개별성이나 개체성이 이죽삐죽할 기미만 포착돼도 가차 없이 솎아내 버리는 일련의 과정 말입니다.

우리 모두는 대한민국이라는 거대한 컨베이어 시스템에 묶여 있습니다. 사회 전체가 멈추지 않는 한, 구성원으로선 한 번 올라탔다 하면 여간해선 내려올 수 없는. '바쁨 권하는 사회', '바쁨이 미덕인 사회'의 모습입니다. 바쁜 게 '미덕'이니 바쁘지 않으면 '악덕', 나쁜 겁니다. 공장에서 찍어 낸 물건으로 치자면 하자 있는 불량품 같은 거지요.

그래서 혹여 '나쁜 사람'으로 보일까 봐, 바쁘지도 않으면서 일부러 바쁜 척, 어차피 가진 건 시간밖에 없으면서도 누가 만나자고 하면 대뜸 뜸부터 들이는 사람도 있다지요? 지금 당장 만날 수 있으면서도 바쁘게 보이려고 부러 최소 일주일 정도 뒤로 약속을 잡는다지요? 설마 그럴까 싶지만 저의 또 다른 믿을 만한 지인의 말이니 아마도 맞을 겁니다.

어느 책에서 본 '아무도 게으르지 않고, 아무도 부지런하지 않고, 다만 바쁠 뿐이다.'라는 말이 생각납니다.

이 말을 저는 이렇게 사유해 봅니다.

'인생을 흔히 마라톤에 빗대지만 만약 달리는 도중에 넘어졌다면 게으른 탓일까. 그 긴 도상에서 어떤 사람은 한 번 아니라 두 번, 세 번도 넘어질지 모르는데 그때마다 그 사람의 게으름을 추궁해야 할까. 반대로 결승점을 향해 한 번도 실패 없이 달려간 사람은 부지런한 사람일까.

결승점이란 살아 있는 동안 누구나 한 번은 통과해야 할 지점일 뿐, 등위를 매기는 것이 단독자의 생에 무슨 의미가 있나. 다만 각자의 시간 속에서 완주하는 것, 그 과정 중에 너무 많은 것을 바라거나 조급해하지 않으며 자신의 궤적, 자신의 서사를 쓰는 것, 중도에 포기하거나 좌절하지 않는 것, 그것이 인생 마라톤인 거지. 게으를 것도, 부지런할 것도, 바쁠 것도 없이 그저 자기 페이스로 끝까지 가면 그만 아닌가.'

'필요 없는 것이 끝없이 늘어나는 과정, 그것이 바로 문명'이라는 말이 있습니다. 그렇다면 지금까지 이 땅에 존재했던 모든 인류 가운데 우리는 단연 앞선 '문명인'이라는 뜻이겠습니다. 필요 없는 것들을 끝없이 소유하기 위해 죽을 때까지 바빠야 하니까요. 만약 우리가 고요히 존재하며 삶의 본질에 귀 기울인다면 그렇게까지 바쁠 이유가 없을 테니, 결국 바쁜 후 찾아오는 것은 거추장스런 소유를 무겁게 걸머지는 일이겠군요.

어떤 사람이 자기 또래와 보조를 맞추지 않는다면 그것은 아마 그가 그들과는 다른 고수의 북소리를 듣고 있기 때문일 것이다. 그로 하여금 자신이 듣는 음악에 맞추어 걸어가도록 두라. 사과나무와 떡갈나무가 같은 속도로 성숙해야 한다는 법은 없다. 그가 남과 보조를 맞추기 위해 자신의 봄을 여름으로 바꿔야 한단 말인가.

19세기 미국의 사상가 헨리 데이빗 소로의 말입니다.

1922년 기상청이 벚꽃을 관측한 이래 서울에서 3월에 벚꽃이 핀 건 처음이라고 하네요. 평년보다 13일, 지난해보다는 무려 18일 빨리 개화한 것이라는데, 그래서 여의도, 석촌호수 등 이곳저곳에 잡혀 있는 꽃 축제에 차질이 빚어질 거라고 합니다.

그러거나 말거나 꽃이야 알 바 아니겠지만 여튼 우리의 바쁨의 미덕이 꽃들에게도 '어필'했나 봅니다. 게으른 것도, 부지런한 것도 아닌 그저 바쁘게 피어난 걸 보면요. 공연히 수선스레 서둘러 피어난 꽃들에게 헨리 데이빗 소로의 말을 빌려, 도대체 누구와 보조를 맞추기 위해 자신들의 봄을 여름으로 바꾸듯 앞당기고 싶은지 물어보고 싶습니다. 어찌된 게 꽃조차 바쁜 사회입니다.

생명, 사랑 그리고 동행

3년 전 쯤, 저는 '피시 오브 더 데이(fish of the day)'라는 제목으로 글을 썼습니다. 가게 한편에 둔 어항 속 작은 금붕어를 통해 생명의 경이로움을 경험했던 내용입니다.

'fish of the day', 우리 식당 입구에 놓아 둔 어항 속 물고기를 짓궂게도 우리는 이렇게 부릅니다. 메뉴 가운데 생선 요리는 활어를 그 자리에서 잡아 손님상에 올린다는 의미로 'fish of the day(오늘의 생선)'라고 하기 때문입니다. 그렇다고 손가락 한 마디 크기도 못 되는 그 녀석이 정말로 어느 날 'fish of the day'로 식탁에 오를 리는 없고 장난삼아 어항 앞에 그렇게 써 놓았더니 아닌 게 아니라 무심코 오가는 손님들도 실소를 금치 못합니다.

특별히 '키운다'고 할 것도 없이 그저 물이나 갈아주면서 "어이, fish of the day."하고 한마디씩 놀리기나 한 것이 벌써 4개월짼니다. 어항 물을 갈아주면서 "never die(절대 안 죽네)!" 하던 때가 두 달도 더 전이니 우리는 이미 그때부터 녀석의 생명력을 신통하게 여겼던 것 같습니다.

처음에는 예쁘고 앙증맞아서, 나중에는 습관적으로 한 번씩 들여다보면서도 며칠이나 더 살려나 했던, 살면 살고 죽어도 그만이라 생각했던 것이 4개월이 넘고 보니 그 미물에 전과는 다른 눈길을 주게 됩니다.

제깟 것 목숨보다 오히려 어항이 깨질까 보아 염려하던 것이 이제는 '그 물고기'가 아니면 안 될 것 같고, 특정한 '그 생명체'에 마음이 기울게 된 것입니다. 작은 물고기는 지칠 줄 모르고 헤엄칩니다. 움직이면 살고 멈추면 죽기라도 할 듯 필사적 몸짓으로 한시도 쉬지 않고 몸을 놀리는 모습이 믿기지 않을 정도로 활발해서 꼭 영화 〈쉬리〉에 나오는, 칩을 넣은 물고기를 연상케 합니다. 정말이지 경탄해 마지않을 생명력입니다.

일평생 곁에 둘 친구 하나 없는 실존적 절대 고독의 공간에 놓인 자신의 운명 따위에는 아랑곳없이 그저 '지금 이 순간'을 사는 데 집중하는 작은 물고기에 마음을 주기 시작한 이후, 그 하찮은 생명에 생각이 매여 조바심이 이는 생경스런 느낌을 받을 때가 있습니다.

그 물고기는 지금도 살아 이제 만 두 살이 되어 갑니다. 얼마 전 지인이 서울에 있는 제게 사진까지 찍어서 녀석의 '안부'를 전해 줬습니다.

지난 일요일, 이어령 전 문화부장관의 팔순 맞이 출판 기념회에 다녀왔습니다. 행사장에서 받은 그의 신간 『생명이 자본이다』는 '생명'과 '사랑'의 변주곡이자, '동행'을 주제로 쓰였기에 저의 '물고기 칼럼'이 생각났던 것입니다.

공교롭게도 책 첫 장에는 우리 집 물고기를 떠올리게 하는 이야기가 실려 있습니다.

50여 년 전 그는 단칸 셋방에서 신혼살림을 하면서 썰렁한 방을 메울 겸 어항을 들여놓았다고 합니다. 잉크병까지 얼 정도로 매섭게 춥던 어느 겨울날 아침, 연탄불이 꺼진 탓에 어항이 얼어 금붕어 세 마리가 살얼음 속에 화석처럼 박혀 꼼짝도 하지 않았다고 합니다. 어떻게든 살려야 한다는 생각에 주전자에 물을 끓여 급히, 그러나 조심스럽게 어항 속으로 부었고 마침내 얼음이 녹기 시작하면서 살얼음 사이에서 금붕어의 지느러미가 움직였다는 것입니다.

얼어붙은 너희들을 보고 나서야 처음으로 우리가 한방에서 살고 있었다는 사실을 깨달은 거다. 나의 추위가 바로 너희들의 추위였다는 것. 나에겐 지느러미도 아가미도 없지만 어항 속 겨울을 함께

숨 쉬고 있었다는 것. 너무나 당연한 사실을 그동안 모르고 지내 온 거다. ….미안하다. 절대로 다시는 연탄불을 꺼뜨리지 않겠다. 맹세하마……. 분명한 것은 그것이 어제 보던 그 어항이 아니라는 사실. 조금 전 얼음 속에 갇혀 있던 그 금붕어들이 아니라는 거다……. 방안의 모든 가재도구가 '살림살이'라는 우리 토박이 말 그대로 서로 살리고 사는 생명력으로 가득 찬 모습으로 바뀐 것이다.

연약하기 짝이 없는 그와 저의 금붕어가 덮쳐 오는 죽음의 공포를 딛고 '생명'을 택한 것입니다. 거기에는 생명을 나눠 가진 자의 '동행'이 있었습니다. '생명'과 '사랑'과 '동행'은 속성상 동의어라는 걸 보여 주듯.

'생명'과 '사랑'의 배면에는 '죽음'과 '이별'이 전제되어 있습니다. 죽음과 소멸이 없는 삶과 생명은 있을 수 없고, 별리를 수반하지 않는 사랑은 권태 아니면 변태로 변질되기 쉽습니다.

그러나 생명은 죽음보다 강하고 사랑은 이별 앞에서 더 영롱하기 마련입니다.

이재무의 시, 〈수직과 수평〉에는 '수평은 수직이 만든 것'이라는 구절이 있습니다. 시인은 '동이에 가득 담긴 물 이고 가는 그대의, 출렁출렁 넘칠 듯 아슬아슬한 사랑의 수평도 마음속 벼랑이 이룬 것이다. 수직의 고독이 없다면 수평의 고요도 없을 것이다.'라고 말합니다. '수직'에 '죽음'과 '별리'를, '수평'에 '생명'과 '사랑'을 대입해 봅니다.

죽음과 이별, 수직을 떠올리게 하는 한 해의 끝, 12월입니다. 한겨울로 치닫는 계절처럼 지금 어둡고 아픈 생의 터널을 지나는 자들에겐 어떤 위로도 소용 닿지 않는 시간입니다.

그럼에도 묵은해의 끝날은 새해의 첫날과 잇닿아 있고 겨울은 이미 봄을 배태하고 있습니다. 생명은 죽음을 이기고 반드시 새싹을 틔울 것이며 사랑은 아픔을 통해 성장과 성숙의 열매를 되돌려 줄 것입니다.

저 자신도 비록 지금은 '고립무원, 절대 고독의 어항'에 갇혀 있지만 '생명' 그리고 '사랑'을 믿고 뭇 에너지와의 '동행'에 의지하여 머지않아 '수평'의 그날을 맞이할 것이라는 소망이 그날 행사장에 다녀온 후 마음에서 떠나지 않고 있습니다.

글을 묻는 그대에게

몇 주 전 어느 행사장에서 만난 지인으로부터 "매주 몇 편의 글을 쓰면서도 바투 다가오는 간격을 잘 조정하며 글의 질을 고르게 유지하는 것이 힘들 텐데 잘 하고 있다."는 칭찬을 들었습니다.

듣기 좋으라고 하신 말씀인지라 역시 듣기에 좋았습니다. 응석도 받아줄 사람이 있어야 한다고, 실은 별로 의식도 않고 있다가 그런 말을 들으니 제 자신이 갑자기 대견하고 좋게 느껴졌습니다.

실은 '품질 유지'는 둘째고 마감일을 지키는 자체가 매번 마주치는 당면 과제입니다.

글을 쓰는 일은 질주하며 내달리다 급브레이크를 밟는 것과 유사합니다. 무 자르듯 일상의 흐름을 단칼에 성둥 베어 낸 후 일정량의 정지된 시간과 독대하는 상황인 것입니다. 잘린 무의 하얀 단면처럼 순간 아득하고 때로는 아주 잠깐 공포감을 느낄 때도 있습니다. 일상의 잡다한 흐름을 순간적으로 끊는 제동장치를 내면에 장착시키는 것, 그것이 글쓰기의 기본자세라고 저는 생각합니다.

운동에는 도통 소질이 없지만 중·고등학교 때 저는 왕복 달리기를 제일 잘했습니다.

짧은 단위의 거리를 최고 속도로 달려가다 정지선에서 갑자기 멈추는 순간 발바닥에 불이 이는 듯한 느낌은 급브레이크를 밟을 때의 타이어와 흡사합니다. 그렇게 달리다 갑자기 멈추는 동작을 몇 번 반복하는 왕복달리기에는 늘 자신이 있었습니다. 그때만 해도 또래보다 키가 한 뼘은 컸던 꺽다리가 갑자기 멈춰 서려면 휘청거릴 만도 하건만 정확하게 멈추고 휙 돌아서서 왔던 방향으로 내달리는 제 동작에 급우들은 경탄했습니다.

한국에서는 운전면허 실기 시험 중에 돌발 상황 대처 능력을 채점하기 위해 주행 중에 급제동을 걸게 하는 코스가 있지요. 그것도 학창시절 왕복달리기처럼 제 주특기였습니다. 왕복달리기와 주행 중 돌발적 브레이크 잡기처럼 일상에 급제동을 걸 수 있는 능력과 유연성이 지속적으로 글을 쓰게 하는 힘이 되는 것 같습니다.

문화 단체의 강좌를 맡아 달라는 제안이나 이따금 글 쓰는 것에 대해 물어오는 분들이 있습니다. 엊그제는 올가을엔 꼭 글을 쓰고 싶다는 사람을 만나기도 했습니다. 취미나 여가 보내기, 좀 더 고

상하게는 뒤늦은 자아발견을 위해 제일 만만한 활동이 글쓰기인 것처럼 여겨져 민망할 때도 있지만, 늦은 나이에 일 말고 한 가지를 새로 시작하려면 악기를 다루거나 그림을 그리기보다 글쓰기가 훨씬 간편하고 돈도 안 들어 수월할 것처럼 생각되는 것은 저도 마찬가지입니다.

혹자는 시 한 편을 짓기 위해 사흘 밤낮을 새운다고 하지만 면구스럽게도 '뭘 그렇게까지야.' 하는 생각이 듭니다. '대단하고 징하게' 굴어야만 글이 나온대서야 어디 시작이나 해 볼 수 있겠습니까. '글재주'라고 하듯이 재능이 먼저 주어져야 끄적이는 시늉이라도 할 것처럼 지레 겁을 먹는 분도 계실 겁니다.

하지만 모든 글이 '문학'일 필요는 없습니다. '범접할 수 없는 문학'의 영역을 기어코 기웃거리고 싶은 분만 빼고는 단언컨대 '그냥' 쓰면 됩니다. 한 유명한 역사학자는 어느 날 시각 장애로 더 이상 글을 읽을 수 없게 되어 그때부터는 글을 썼다고 하지요. '에라, 남의 글을 읽을 수 없게 된 바에야 이제부터는 내 글을 써야겠다.'라는 여유와 배짱이 멋지지 않습니까.

물론 여기에 저처럼 왕복 달리기를 잘한다거나 남보다 급브레이크를 자주 밟는 편이라면 글쓰기에 유리한 조건입니다. 내달리는 일상의 고삐를 틀어줄 수만 있다면 글쓰기의 기본기는 갖춘 셈입니다. 그 일상은 술자리의 유혹일 수도 있고, 친구와의 수다나 뭘 좀 해 보려 하면 어김없이 쏟아지는 초저녁잠일 수도 있을 겁니다. 뭐가 됐건 하던 일을 가차 없이 중지하고 단칼에 시간을 베어 그 단면과 마주해야 합니다. 그리하여 이 가을에 모두들 글 한 편을 쓸 수 있었으면 좋겠습니다.

사각턱 유죄?!

친구의 딸이 다음 달 초에 '사각턱' 수술을 받을 거랍니다. 자존심 강한 방년의 재원이 각진 턱으로 외모에 대한 열등감과 콤플렉스를 느껴 온 것은 이해가 되고도 남습니다. 친구는 딸의 수술을 반대하는 남편과 실랑이도 좀 있었다고 합니다.

그런데 하필 '사각턱'인 내 앞에서 그 얘기를 꺼내서 내 콤플렉스까지 자극할 건 뭐냐고 농담을 하니 나보다 자기 딸이 더 심하다며 웃습니다. '세상 다 산' 아줌마와 20대 아가씨가 비교 대상이나 되나요? 수술 잘 되길 바란다며 저도 웃었습니다.

친구 딸 소식에 지하철과 버스에서 본 한 성형외과의 '사각턱 수술' 광고가 불현듯 떠오릅니다.

각진 턱, 머리카락으로 가려질 것 같지? 차라리 올려 묶는 게 훨 나아~ 정수리 쪽에 볼륨감 주는 것 잊지 말고!

요런 걸 병 주고 약 준다고 하나요? 때리는 시에미보다 말리는 시누이가 더 얄밉다고, 각진 턱을 커버할 수 있는 헤어스타일 요령을 알려 주는 척하지만 미용실 광고도 아니고, 실상은 '그래 봤자 호박에 줄 긋기야, 수박 안 되거등.' 하는 메시지를 전하려는 의도이니까요. 손 안 대고 코 푼다고, 수술 언급은 한마디도 없이 사각턱 교정에는 깎아 내는 것 외에는 방법이 없다는 것을 암시하고 있으니 광고 자체로만 본다면 잘한 광고라고 생각합니다.

얼마 전 탤런트 윤여정 씨가 "얼굴에 손을 댔다."고 고백하면서, 남들 다 하니 자기도 하는 수 없이 하게 됐다며, 아파트 단지 전체를 재시공하는데 유독 한 동만 낡은 상태로 그냥 둬선 안 될 것 같았다고 비유적으로 말했습니다.

이제 성형수술은 막을 수 없는 '쓰나미'가 되었습니다. 못생기고 나이 많은 여자가 화장도 않고 나다니는 건 예의가 아니라고 말하는 사람도 있듯이, 이 '사태'로 나간다면 사각턱을 비롯, 홑꺼풀 눈, 매부리코, 처진 볼, 주름진 이마 등을 교정 않고 사는 것은 공공의 눈살을 찌푸리게 하는 무례와 태만, 빈곤의 '주홍글씨'로 낙인찍히지 말란 법도 없을 것 같습니다.

친한 친구의 딸이 수술을 받게 되어서가 아니라 저도 이제는 '성형'에 대해 이러쿵저러쿵하지 않습니다. 어떤 이는 '백세 시대'를 살기 위해선 건강과 함께 시시때때로 외모를 다듬는 것도 포함되어야 한다고 공공연히 주장합니다. 아직 백세 가까이 가지 않았고, 당장 화상이나 사고를 당하지 않은 바에야 내게 수술비 마련은 너무나 요원한 일이니 당면한 고민거리도, 선택으로 갈등할 주제도 아닙니다.

앞서 말했듯이 저는 '사각턱'입니다. 그뿐만 아니라 코끝이 내려앉은 '납작코'입니다. 그래서 '김치~' 하며 사진을 찍을 때 '나도 남들처럼 콧구멍이 나와 봤으면' 하는 실현 가능성 없는 소망을 늘 품고 삽니다.^^ 클레오파트라의 코가 1센티미터만 낮았어도 세계의 역사가 다시 쓰였을지도 모른다니, 반대로 제 코가 1센티만 높았어도 제 가정의 역사가 지금처럼 전개되지 않았을지도 모릅니다.

제가 글을 쓰는 모임 중에 '말코 글방'이라는 곳이 있습니다. 그 글방 방장의 코가 '말코'처럼 생겼다고 그런 이름이 붙었다네요. 지금은 '마르코 글방'이라 불리지만 원조는 어디까지나 '말코 글방'이고 저는 '말코'가 더 정겹습니다.

자신의 약점을 강점으로 만드는 방법은 그것을 당당히 드러내는 것입니다. 그러면 그것이 더 이상 열등감도 콤플렉스도 아닙니다. 글방지기가 '말코'라서 '말코 글방'이듯이, 만약 제가 모임을 주선

한다면 '납작코 글방'이나 '사각턱 글방'이 되겠지요. 아니면 '무다리 글방'도 괜찮겠습니다.^^ 이렇게 저는 제 신체의 약점을 그냥 드러내고 삽니다. 남들의 시선보다는 나의 내면 시선에 초점을 두려고 노력합니다.

"요즘 유행하는 디자인인 데다 이 색상이 가장 많이 나가요." 하며 손님을 끄는 옷가게 주인을 저는 이해할 수 없습니다. 나하고 똑같은 옷을 입은 사람을 보면 기분이 좋을 리가 없는데 파는 쪽도 동일한 선택을 부추기고, 사는 사람도 그래야 마음이 놓인다는 게 아이러니합니다. 시시콜콜 노상 '개성 타령'을 하면서도 실상은 남과 다르지 않아야 안심이 되니 참 이상한 심리입니다. 하물며 얼굴까지 같아야 하다니.

그래도 친구 딸 수술은 잘 돼야 합니다. 왜냐면 결과 봐서 내 턱도 정비하고 싶으니까요.^^

그저 오늘만을 위해

"젊어서는 새해엔 새로운 결심, 새로운 계획을 세워 실천해 보려고 이런저런 시도를 했던 기억이 납니다. 그러나 작심삼일이란 말처럼 그런 다짐들은 의지박약으로 일과성 행사에 그치며 대개 흐지부지되곤 했습니다.
그런 연유로 계사(癸巳)의 새해를 맞이하여 우리 나이 아흔이 되었지만 특별한 다짐은 하지 않았습니다. 다만 요즘은 하루하루를 오늘이 생의 마지막 날이라는 생각으로 성실하게 후회 없이 살려고만 노력하고 있습니다."
한 영자 신문의 인생 상담 코너에 '신년 다짐'이란 글이 실렸습니다.
"그저 오늘만을 위해, 나는 이 날을 살아갈 것이다. 그저 오늘만을 위해 나는 행복할 것이다. 나는 어제로 인해 골몰하거나 내일을 위해 집착하지 않을 것이다. 나는 원대한 계획을 세우거나 나의 모든 문제를 단번에 극복하려 하지 않을 것이다. 나는 나를 감동시키는 그 무엇을, 평생에 걸쳐 해야 할 일일지언정, 단 24시간만큼은 열성으로 할 수 있다는 것을 알고 있다. 나는 나를 괴롭히는 생각에 잠기지 않을 것이다. 만일 나의 마음에 구름이 가득 차면 나는 그 구름을 쫓아내고 햇빛으로 채울 것이다. 그저 오늘만을 위해 나는 현실을 받아들일 것이다. 내가 바꿀 수 있는 것은 바꾸겠지만 그럴 수 없다면 그냥 받아들일 것이다."

신년 초하룻날 접한 이 글을 저의 새해 마음가짐을 대신하여 소개합니다.

자유칼럼그룹에서 함께 글을 쓰시는 올해 아흔이신 황경춘 선생님이 새해를 맞아 후배 필진과 나눈 말씀입니다.

새해를 맞고도 벌써 일주일이 지났습니다. 날씨는 35도 넘게 푹푹 찌지, 덩달아 몸은 처지지 우물쭈물, 어물어물하는 사이 일주일이 후딱 가 버렸습니다. 늘 그랬듯이 이러다 올 한해도 막연하게 흘려보내지 않을까 겁이 나서 마음을 다잡을 겸 선생님이 올리신 글을 다시 읽어 봅니다.

저 역시 언제부턴가 새해 계획 같은 건 세우지 않게 되었지만 해가 바뀔 때마다 좀 덜 어리석고 좀 더 지혜로워져서 하루를 살아도 내가 주인이 되어 마음 편하게 살 수 있었으면 하는 바람은 있습니다.

　새해 첫 글을 쓰고 있는 지금, 선생님의 말씀처럼 어제도 내일도 아닌 '오늘'에 마음을 모읍니다. 사람들은 대부분 생의 절반쯤은 과거에 살고 나머지 반의 반쯤은 미래를 사는 것 같습니다. 기껏해야 남은 반의 반 정도만 '오늘'에 할애한다고 할까요.

　오늘을 살지 못하는 이유, 거꾸로 말한다면 오늘을 오롯이 살수 있으려면 어떻게 해야 할지 깊이 생각해 봅니다. 과거를 현재의 삶에서 떠나보내기 위한 키워드, 과거에 발목 잡혀 옴짝달싹 못하는 현재를 풀어주는 키워드는 '용서'가 아닐까 싶습니다.

　내게 잘못한 사람을 용서하는 것 말고도 하릴없이, 대책 없이, 별 볼일 없이 바보같이 살아온 자신을 용서할 수 있다면, 삶은 다시금 앞을 향해 나갈 수 있을 것입니다. 자신에 대한 진정한 용서가 있다면 설사 후회와 상처가 과거의 집 속에 동거를 한대도 그다지 혼란스럽지 않을 것 같습니다.

　반대로 미래를 당겨 살지 않으려면 '두려움'을 갖지 말아야 할 것입니다. '내일의 기억'을 만들어 불안과 두려움의 집 속에 갇히지 말아야 합니다. 불안과 두려움에 끄들려 오늘의 에너지에 누수 현상을 빚는 것은 어리석은 일입니다. 게다가 '과거'의 협공까지 받게 된다면 '오늘'은 그로기 상태에 빠져 소진돼 버릴지 모릅니다.

수행적 관점에서는 '오늘을 산다.'는 것은 '매 순간 깨어 있음'을 의미하는 것이라고 합니다. 매 순간 깨어 있다는 것은 '온전히 나 자신'으로 살아간다는 의미라고 하구요. '온전한 나 자신'은 '과거나 미래에 상을 짓고 살고 있는 나'가 아닌 '현재의 나'라는 뜻일 겁니다.

'과거를 용서하고 미래를 두려워하지 말며 깨어서 완전히 직면하기', 제가 선정한 올해의 화두입니다. 그렇게 살면 선생님이 쓰신 것처럼 올 한해를 행복하게 살 수 있을 것 같습니다. 허송세월은 그만하면 되었고 올해 50대의 문을 열며 더도 말고 덜도 말고 매일매일 '오늘 하루'만 행복하게 살았으면 좋겠습니다.

내 안에 개있다

늘상 다니는 동네 마트 앞에 가면 주인을 따라 산보를 나왔다가 주인이 장을 보는 동안 밖에서 기다리는 개들을 볼 수 있습니다. 마트 안으로는 개를 데리고 들어갈 수 없기 때문에 입구 기둥에 잠깐 묶어 두고 얼른 장을 보고 오는 것입니다.

개를 무척 좋아하는 저는 '마트 앞 기둥 나들이'를 즐깁니다. 개들의 지루함도 덜어줄 겸, 가능하다면 나쁜 사람들의 해코지도 막아 줄 겸, 주인이 나타날 때까지 그네들과 노는 것입니다. 길면 20분, 짧으면 5분가량 기둥에 묶인 채 주인을 기다리는 개들의 태도는 대략 네 가지로 분류할 수 있습니다.

첫 번째 부류는 주인이 자리를 뜨기 무섭게 낑낑 신음을 하고 온 몸을 발발 떨어 대며 불안과 초조로 일관합니다. 겁이 나는 상황을 벗어나 보려는 몸부림으로 깡깡 짖어 대지만 그럴수록 두려움과 공포에 압도됩니다. 처음부터 천애고아였던 듯 버림받았다는 생각에 주인이 있다는 사실조차 믿으려 하질 않아 보입니다. 성마르고 예민함이 지나쳐 패닉과 공황 상태에 빠져 불행해하는 이런 개들과는 함께 시간을 보내는 자체가 불가능합니다. 관심을 보이며 안심을 시키려 해도 소용없으니 그저 측은하게 바라볼 밖에요.

 두 번째는 주인이 등을 돌리자마자 헤프게 구는 녀석들입니다. 주인이 오거나 말거나, 첫 번째 개들과는 또 다른 의미로 처음부터 혼자였으며 자유 그 자체였다는 듯 지나는 사람들마다에게 아양을 떨며 발랑 누워 좋아 죽겠다는 식입니다. 순간순간의 즐거움에 취해 자신이 처한 상황을 살핀다거나 주위를 돌아볼 겨를도 없이, 안절부절못하는 첫 번 부류하고는 정 반대로 행동합니다. 저로서는 이런 개들을 데리고 노는 것이 가장 쉽지만 자기 재미에 취해 변심을 밥 먹듯 하는 철딱서니 없는 녀석들이 가끔은 얄밉습니다.

 그런가 하면 숫제 바닥에 드러누워 태평스레 잠을 자는 것들도 있습니다. 주인이 반드시 다시 온다는 굳건한 믿음이 있어서라기보다 상황이나 사태 파악에 무딘 탓에 변화된 환경을 별다른 위협 요인으로 느끼지 못하기 때문입니다. 늘 명료하게 깨어 있질 못하고 반쯤은 조는 듯 살아가는 평소 습관에 기인한 것이니 일생, 당장 죽을 것처럼 불안할 것도, 뛸 듯이 기쁠 것도 없이 이래도 심드

렁, 저래도 심드렁합니다.

　언뜻 보기엔 성격이 좋아 그런 것 같지만 실은 나태와 게으름의 타성에 젖어 깨어 있지 못하는 탓입니다. 그런 점에서 비록 '불안'으로 깨어 있을망정 그래도 깨어 사는 첫 번째 부류보다 윗길이라고 하기 힘듭니다. 이런 것들하고는 그럭저럭 '코드'가 맞아 쭈그리고 앉아 쓰다듬어 주곤 하는데, 아니나 다를까 유순한 태도로 반쯤 졸면서 스르르 눈을 감습니다.

　마지막은 일편단심, 초지일관 자세 한 번 흐뜨리지 않고 정면을 응시한 채 돌아올 주인을 준비된 믿음으로 기다리는 흔치 않은 부류입니다. 훈련된 충성심과 내면의 정결함으로 무장된 이런 개들에게는 감히 집적댈 엄두가 안 납니다. 어쩌나 싶어 눈앞에서 알쌍거려 보지만 마치 부명인간을 대하듯 제게는 눈길 한 번 주는 법 없이 행여나 전방 시야가 가려질세라 긴장감 어린 표정으로 자세를 다잡습니다. 주인과 온전히 교감하며 그 사랑을 의심 없이 받아들이는 데서 오는 자부심과 단아함의 '아우라'를 뿜는 이런 개들은 미물임에도 존경심이 듭니다.

　근 2년에 걸친 마트 앞 개들에 대한 제 나름의 '고찰'을 사람인 제게 적용해 봅니다. 저는 크리스천이기 때문에 '개 주인'을 '하나님'으로 설정하고 '제 자신'을 '개'로 쳤을 때 어느 부류, 어느 위치에 있는지 반성해 보는 것입니다.

'두 번째 부류의 개'처럼 현실에 취해 이 세상이 전부이고 물질에 이끌려 아무 생각 없이 살았던 적은 없었지만, '첫 번째 개'처럼 삶의 실존적 불안감을 다양한 철학과 신념, 인본주의적 가치관에 의지하여 해결하려다 뿌리 없는 나무처럼 쇠락하며 절망에 빠진 경험이 있습니다. 그러다가 내 존재의 근원이자 내 지성 너머에 존재하면서 매일매일의 내 삶에 인격적으로 개입하는 절대자를 인정하게 되었습니다.

 그리하여 지금은 불신앙자는 아니지만 '세 번째 개'와 같이 게으르고 나태해서 바싹 깨어 있지 못하는 상태를 지나고 있는 중으로, 바라옵기는 앞도 뒤도 돌아보지 않고 주인의 사랑에 송두리째 이끌리는 '네 번째 개'가 되기를 소망하고 있습니다.

이 마지막 날에

 허리띠 풀고 졸면서 왔건, 내내 골똘한 생각에 잠겨 있었건 어느 시점에서는 부산을 출발한 열차가 종착지인 서울역에 곧 다다르게 된다는 것을 환기하게 되는 것처럼, 일일이 여삼추였건, 눈 깜짝할 새 같았건, 지금 이 순간만큼은 '시간' 자체를 의식하지 않을 수 없습니다. 올 한 해가 이제 종착점에 들어서고 있기 때문입니다.

 2010년, 1년이라는 시간의 열차를 함께 타고 온 주변의 지인들을 둘러봅니다. 해가 바뀌기 전에 얼굴이라도 한 번 볼 수 있었다면 좋았겠지만 그나마 이메일로 안부나마 물을 수 있는 것에 안도합니다.

 이맘 무렵 여러 지인들에게 이메일을 보내다 보면 묵은 서랍이 정리되듯이 메일함도 저절로 깨끗해집니다. 오래전 메일을 클릭

하는 순간 언제 주고받았는지 모를 정겨운 대화들이 다시금 기억의 수면에 떠오르며 지난 시간을 반추할 수 있는 것도 덤으로 얻는 내밀한 즐거움입니다.

상대에 따라 마지막 연락이 오래전에 끊겼더라도 방금 하던 이야기를 이어 가듯 소식을 전하는 데 열중하다, 불과 얼마 전까지도 만나고 서로의 일상을 나누었건만 지금은 세상을 뜨신 분들의 메일 주소 앞에 흠칫 몸이 굳습니다.

올 한 해 시간의 열차를 함께 탔지만 홀연히 도중하차한 사람들, 예의 엊그제 만났던 것처럼 살가운 소식을 전한다 해도 영영 수신되지 않을 선연한 사실에 가슴이 먹먹합니다. 블랙홀로 빨려든 듯 완전 무력화되어 굳게 닫혀 버린 망자의 메일 주소가 섬뜩하기조차 합니다.

가까운 사람은 말할 것도 없고 누가 죽으면 공연히 평소에 그 사람과 잘 알았던 것처럼 생각하고 말하게 되는 게 사람 심리지만 이민생활에서 주변의 부고는 심리 상태의 반향만은 아닙니다.

꼭 반년 전, 스산한 겨울비가 추적이던 날, 가깝지도 멀지도 않은 분의 부고를 접한 후 이런 글을 썼습니다.

밤길을 더듬어 황망하게 들어선 상가, 무겁게 가라앉은 분위기 사이로 조문객들의 눈길이 서로 부딪힙니다. 어색할 것까지는 없지만 ' 저분도 고인과 친분이 있었구나, 저렇게도 아는 사이였나 보네, 저 사람을 여기서 만나다니 참 뜻밖이다.' 하며 새삼스런 낯가림을 합니다. 가족이 아닌 '남'이 중심이 되는 이민사회의 조문 풍경이 예사롭지 않게 다가옵니다. (중략)

이민생활의 외로움은 살아서보다 죽어서 더 지독할지도 모른다는 생각이 문득 듭니다. 1세대 이민자 대부분은 부모나 형제, 변변한 친척도 없이 그저 두셋 되는 자기 피붙이끼리 그러구러 살아갑니다. 별 일없이 살 때는 모르지만 막상 어려운 일을 당했을 때 아무도 찾아와 줄 사람이 없는 상황을 생각해 봅니다.

한국 같으면야 상을 당하면 오히려 오랫동안 만나지 못한 친척들과 안부를 묻고 얼굴을 보는 기회가 되지만 이민생활이야 어디 그런가요. 이웃사촌, 교회사촌, 성당사촌, 사찰사촌들 속에서 정을 나누고 마음을 얻지 못했다면 마지막 길도 혼자 쓸쓸히 가야 할 것입니다. 철저한 타인으로 살다가 철저한 타인으로 죽어 가는 삶, 그것이 이민자의 현주소인지도 모릅니다. 더 두려운 것은 휑한 빈소에 덩그마니 남아 있을 자식들의 모습입니다. 가족 하나 없는 남의 나라에서 먹고사는 일에만 몰두했던 부모의 궤적이 적나라하게 드러나는 것, 그것은 분명 죽어서도 고통일 것입니다.

문화 차이로 인한 오해와 소통의 단절로 평생 자식들과 가슴 아픈 시간을 보낸 자에게는 어쩌면 죽음의 예식이 '명예 회복의 장'이 될 수도 있을 것입니다. 찾아와 준 조문객을 통해 내가 몰랐던 우리 부모를 비로소 이해하는 계기를 마련할 것이기 때문입니다. 죽으면 다 무슨 소용이냐, 죽었는데 누가 왔는지 안 왔는지, 얼마나 왔는지 알 바 아니다, 라고 하는 사람이 있다면 죽음의 의미를 한 번도 진지하게 생각해 본 적이 없는 사람일 것입니다.

'남의 시선', '남의 판단'이 죽음 앞에서만큼 중요하고 정확한 때가 없습니다. 죽은 자는 말이 없는지라 변명하고 합리화하고 자기 미화를 할 수 없으니, 사후만큼은 오롯이 타인의 평가와 판단에 맡길 수밖에 없습니다.

철저히 남으로 구성된 이민사회의 조문객들은 막 마무리된 내 삶의 무게와 빛깔을 객관적으로 재어 볼 것입니다. 마음이 급해집니다. 내 죽음이 어떤 유산을 남길지 두렵기 때문입니다.

새해 새 희망을 노래해야 할 때에 죽음을 이야기해서 송구하지만 먼저 가신 분들을 떠올리자니 새롭게 주어지는 1년이라는 시간, 그 1년을 다 채우지 못하고 도중하차하는 이, 또 누구일까를 생각하지 않을 수 없습니다. 물론 저 자신도 예외가 아니니 새해를 맞는 발랄한 마음 이전에 망연한 세월의 강 앞에 숙연해지고 저어하게 되는 마음을 앞세우게 됩니다.

저어하는 마음

해 바뀌기 전에 얼굴이라도 보자는 모임 끝에 누군가가 "자, 그럼 새해 복 많이 받으시고, 혹시 내년에 아홉수 든 사람들, 신수 조심하시구요."라고 해서 모두 웃었습니다. 듣자 하니 하나님을 믿는다는 사람들이, 그것도 목사까지 낀 모임에서 나눌 덕담은 아니었기 때문일 테지요.

의식하지 못하고 있었는데 그러고 보니 내년이면 마흔아홉으로 제가 아홉수에 들게 되나 봅니다. 해를 보내고 맞이하는 적절한 때에 듣게 된 '아홉수'라는 말에 '한 해 운세'니 '토정비결' 같은 말이 덩달아 떠오릅니다.

그뿐 아니라 이맘때면 하늘에서 내려와 사람 사는 집으로 스며들어 토방에 널린 이 신 저 신을 신어 보고 저한테 맞는 것을 훔쳐

신고 간다는 야광귀나, 부엌 아궁이에 살면서 그믐날이면 한 해 동안 그 집에서 일어난 일을 옥황상제께 낱낱이 고해 바친다는 조왕신 이야기도 생각납니다.

옛날 어떤 아낙은 자기 집안의 안 좋았던 일을 하늘이 알게 될까 봐 조왕을 아궁이에 아예 가둬 두거나, 나오더라도 입이 붙어 아무 말도 못하게 아궁이에 엿을 붙여 두기도 했다니 그 어처구니없는 순박함에 실소를 머금게 됩니다. 그러면서도 지금 사람들이 미신이라고 치부해 버리는 것들에 대한 옛사람들의 정중하고 경건한 자세를 돌아보게 됩니다.

아무려면 부지깽이에도 귀신이 붙어 있다는 말을 믿기야 할까만 그런 것들을 믿고 안 믿고가 중요한 것이 아니라 사람살이의 한 순간 한 순간을 내 힘이 아닌 누군가의 자비와 음덕, 측은히 여김에 깃대고 그 결과를 두려워하며 사는, 삶에 대해 '저어하는 그 마음'을 깨쳐야 하는 것이 아닌가 싶습니다.

비록 세련되고 정교한 자각에는 미치지 못한다 해도 자연을 포함하여 만물에 신성이 깃들어 있고 그 존재는 사람보다 훨씬 크기 때문에 때로는 안위하고 때로는 책망하며 사람의 한평생을 도도히 끌어간다는 믿음으로 생을 운행하는 원초적 더듬이 같은 것을 옛사람들은 가지고 있었다고 할까요. 저속한 표현으로 '겁대가리를 상실한' 현대인들에게는 씨알도 먹히지 않을 이야기지만 그래도 세모에 이르니 전에 없이 오만불손했던 인간의 태도를 돌아보지 않을 수 없습니다.

올해는 특히 자연의 크나큰 재앙이 지구촌 곳곳에서 일어났고 사람끼리의 모지락스런 일도 참 많이 있었습니다. 결국은 바닥이 날 재원을 마치 무한정인 것처럼 함부로 써 대고 더 나쁘게는 탐욕에 겨워 움켜쥔 채 이웃과 나누지 않았습니다. 악독한 독재자는 아니었다 해도 우리 모두는 자연 앞에, 그리고 같은 생명체 앞에 잔인하고 거만하고 무심하며 때로는 주객전도의 태도를 보였습니다. 사는 데 가장 소중한 것을 무상으로 받으면서도 사람끼리는 시시콜콜한 것까지도 치사스레 값을 매겨 서로에게 인색하게 굴고 아름다운 것들을 왜곡하고 훼손해 놓은 장본인이면서도, 그 악행과 우매함의 결과에 대해서는 빙계거리와 원망할 대상을 찾기 바빴습니다.

내 죄업에 대한 신의 심판을 두려워하기는커녕 게으름, 태만, 직무 유기의 죄목을 씌워 신을 오히려 피고인석에 세우고 그 죄과를 조목조목 따졌습니다. 자연재앙과 기아, 전쟁과 착취 따위를 '여적지' 그냥 보고만 있으니 신의 죄가 어찌 중하지 않겠냐며 준엄하게 신을 심판하는 것입니다. 그러고도 당신이 신이냐고 삿대질하거나 아니면 아예 신이 없다고 합니다. 허황되고 오만한 인간에 의해 재판정에 세워진 신은 초라하고 남루한 피고일 뿐이니 결국

현대인에게 더 이상 신은 존재하지 않습니다.

남반구에서 맞는 세모의 여름밤, 귀뚜라미 울음을 들으며 글을 쓰고 있는 지금, 내 신을 신고 가 버릴까 봐, 그래서 한 해 동안 재수가 없을까 봐 잠을 설치며 토방의 짚신짝을 지키던 옛사람, 조왕에게 정성을 다하며 집안의 평안을 의탁하던 순진한 그 마음조차 닮고 회복하고 싶을 만큼 함부로 살아온 지난 시간이 부끄럽습니다.

백 년 이래 이상저온이라는 한여름 속에서 어제 맞이한 크리스마스는 정말이지 모처럼 덥고 화창했습니다. 덥거나 춥지 않은 여름과 겨울, 아니면 지나치게 춥고 더운 겨울과 여름을 맞을 수밖에 없는 것도 모두 인간의 탓이기에 인간에 대해 서운하고 괘씸한 게 그 어느 때보다 많을 자연과 신이 그럼에도 너그러운 마음을 베푸신 것이라고 저는 해석했습니다. 그리고 감사했습니다.

또다시 한 해를 맞이하며 새해에는 사람의 선한 본성과, 나보다 큰 존재를 의식하고 저어하는 마음을 되찾고 북돋움을 받을 수 있기를 나 자신과 이웃, 인류를 향해 소망해 봅니다.

한여름의 세밑

이번 겨울은 아주 야무진가 봅니다. 시작되자마자 무지막지하게 눈이 퍼붓더니, 맹렬한 추위도 누그러들 기색이 없군요. 추위를 많이 타는지라 혹한의 겨울이 달갑지 않지만, 눈 내린 경복궁과 삼청동, 한강변과 청계산 등, 시야의 산과 들이 황홀합니다. 이제 호주는 나무와 풀들이 무성한 여름으로 접어들겠군요. 서울에 내린 눈 뭉텅이를 보내드립니다. 더위를 잊으시라고……

엊그제 받은 어느 독자의 이메일입니다. '서울에 내린 함박눈 선물'이라는 정겨운 메일 제목이 연말 분위기를 고즈넉이 부추깁니다.

이민 온 지 20년이 넘었지만 12, 1, 2월은 여름, 3, 4, 5월은 가을, 6, 7, 8월은 겨울, 9, 10, 11월은 봄이라는, 한국과는 반대인 자연 질서가 '여적지' 몸으로 느껴지지 않습니다. 호주 생활 첫 몇 해 동안은 갓 세상 이치를 배우는 어린아이처럼 의식적으로 손가락을 꼽아 가며 무슨 특별한 지식을 습득하듯 달을 나눠 가면서 계절을 익히기도 했지만 '배냇체험'과도 같은 북반구의 월별 계절 감각을 거스를 수는 없었습니다.

처음에는 도통 어색하고 적응이 안 돼서 '다른 것'을 '틀린 것'이라고 우길 때처럼 남반구의 계절 변화는 틀렸고, 북반구가 맞다는 엉뚱한 생각까지 들었습니다. 꽃 피는 계절은 원래 봄이고 희끄무레 탈색된 잎도 단풍이라 치면, 거꾸로 가고 오는 봄, 가을은 그나마 감각적 경계가 흐릿하지만 여름과 겨울은 사뭇 다릅니다. 아무리 적응하려 해도 7, 8월을 한겨울로, 12, 1월을 한여름으로 머리가 아닌, 가슴으로 받아들이는 것이 아직도 어렵습니다.

더구나 올해처럼 한 해의 막바지에 '눈이 온다.'로 시작되는 메일을 받게 되면 여지없이 마음은 북반구의 12월, '겨울의 세모'로 내달립니다. 12월은 '조락과 사색, 겸손과 상실의 계절'이어야 제격이지, 과육이 익어 가고 욕망이 작열되는 생기발랄한 여름이어서는 안 되는 것이라고 생떼를 쓰면서 말입니다. 같은 이유로 이맘때면 떠오르는 로버트 프로스트의 〈눈 내리는 밤, 숲가에 서서〉는 어디까지나 '북반구의 시'라고 저는 생각합니다.

이 숲 주인이 누구인지 나는 알지만 그의 집은 마을에 있어

여기 서서 그의 숲에 눈이 쌓이는 것을

지켜보는 나를 그는 알지 못하리라

내 작은 말은 이상히 생각하리라

일 년 중 가장 어두운 밤, 가까이에 농가도 없는

숲과 얼어붙은 호수 사이에

왜 내가 멈춰 서 있는지를

말은 뭔가 잘못된 것이 아니냐는 듯 방울을 한번 흔든다

방울 소리 외에 들리는 소리라곤

가벼이 스치는 바람 소리와

사그락 쌓이는 눈소리뿐

숲은 아름답고 어둡고 깊지만

나에겐 지켜야 할 약속이 있고

잠들기 전에 가야 할 먼 길이 있다

잠들기 전에 가야 할 먼 길이 있다

– 로버트 프로스트, 〈눈 내리는 밤, 숲가에 서서〉

  숲과 숲의 주인, 일 년 중 가장 어두운 밤, 지켜야 할 약속, 가야 할 먼 길 등, 마지막 달 12월과 순환되는 계절의 종착지인 겨울의

이미지가 시어에 고스란히 담긴 채 중첩되고 있습니다.

　죽음의 세계를 상징하는 숲, 그 숲의 주인을 내가 알고 있다는 것은 삶의 강 건너의 저편에 아름답고 어둡고 깊은 안식의 세계가 있고, 내가 그 세계를 인지하고 있음을 의미합니다. 그러나 그 세계로 들어가기 전 우리는 지켜야 할 약속이 있고 가야 할 길이 남아 있다고 시인은 말합니다.

　그 약속, 아직도 가야 할 길, 여생에 남은 길을 깊고 진지하게 성찰하는 것이 우리가 12월에 해야 할 일이 아닐까 합니다.

　절대자와의 약속, 역사와 민족을 향한 약속, 이웃과 공동체와의 약속, 가족 간의 약속, 자기 자신과의 약속 등, 우리 모두는 그 약속을 지키기 위해 지난 1년을 부지런히 달려왔기에 말입니다.

　생을 매듭짓는 날까지 산 자로서 지켜야 할 약속, 가야 할 먼 길을 차분히 더듬어 보려면 태양조차 오두방정을 떨어 대는 한여름보다는 정결한 눈이 내리는 한겨울의 세밑이 훨씬 안정감 있습니다.

PART ④

상생

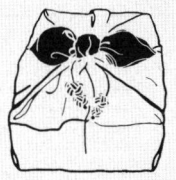

나의 모교 방문 낙망기

2013년 8월 이래 한국에서의 꽤 긴 외유(外遊) 중, 동창들과 연락이 닿아 2주 전에는 모교인 이화여대를 찾았습니다. 1986년 졸업 후엔 학교를 가 본 적이 없으니 거의 30년 만이었습니다.

한 세대 가까운 차이가 나는 자식 같은 후배들 틈에 섞여 들어선 교정. 그 형언할 수 없는 낯섦과 이질감이라니……. 한 발 한 발 떼 놓을 때마다 서걱대며 불편하던 마음이 당혹감으로 변하고 속에서 어기대던 어색함은 이내 황망감으로 다가왔습니다.

변해도 너무 변했습니다.

세월의 무게에 더께진 쇠락의 기운, 아니면 반대로 더욱 깊어진 품격을 느꼈다거나, 신세대들의 파릇한 생기로 예전보다 발랄함이 더하더라는 식의 감흥이 아닙니다.

요즘 젊은 세대들에게선 잔망스러울망정 청춘 특유의 수줍은 생동감을 찾아보기는 힘드니까요. 그렇다고 낭만이 있는 것도 아니라서 '낙망'스럽기만 했습니다.

그 혼란의 정체는 '대학 문화의 총체적 상실감'이었습니다. 변한 것이 아니라 홀연히 사라진 그 무엇, 그 자리, 그 정서에 이물(異物)이 들어찬 고약하고 생경한 느낌에 다리에 힘이 탁 풀려 한동안 오도카니 서 있었습니다.

대학의 거대 자본화, 학교 마당과 광장의 폐쇄, 회 칠한 무덤에서 만난 젊음의 기이한 초상, 묘한 상실감의 실체는 이 세 가지에 맞물려 있었습니다.

'금남(禁男)'의 경계처럼 수줍고 소박했던 이화교가 간단없이 사라진 자리엔 광장도 함께 소멸했고 그 대신 거대한 철옹 성벽 같은 건축물이 좌우로 솟아올라 마치 무덤 입구를 연상케 하는 출입문으로 학생들을 무시로 흡입하고 토해 내고 있었습니다.

폐쇄된 광장 자리에 새로 올린 건물은 성경에 묘사된 '회 칠한 무덤'을 떠올리게 했습니다.

설익은 지성과 열정의 구호, 너와 내가 한 몸으로 엉기며 공동체적 가치를 확인하던 그 자리, 그 학우들의 함성을 삼켜 버린 천장 낮은 건물 안팎으로 '자본의 힘'이 화염처럼 넘실대고 있었습니다.

대학 곳곳이 장사치들의 난장이 된 현실은 서글펐고 오만한 사

본 앞에 인간 존재의 무력함을 확인하는 눈길은 허망했습니다.

최루탄, 물대포, 일명 지랄탄으로도 진압하지 못했던 끈질긴 생명력의 시위대를 간단없이 해체해 버린 거대 자본, '돈맛, 돈멋'에 길들여진 세대에게 시위 광장은 무의미하며 그렇게 쓸모없어진 광장에 '친절한' 자본주의가 깃발을 꽂은 것을 두고 웬 타박이냐고 되쏜다면 할 말 없지만 말입니다.

짙은 화장을 한 학생들이 쇼핑센터를 방불케 하는 스마트폰 진열장의 새 상품을 기웃거리고 비싼 커피숍에 앉아 정치(精緻)하게 얼굴에 분을 두드리며 숨조차 멈춘 채 색조 화장에 몰입하는 모습이라니…….

단언컨대 그 공간에서 책을 읽는 학생은 단 한 명도 보이지 않았습니다.

> 나는 최근 새로운 고민이 생겼다. 전체 다리 길이에 비해 종아리가 짧다는 사실을 발견했기 때문이다. 보톡스로 종아리 둘레를 줄여 더 길어 보이게 하기는 겁이 나고, 그대로 놔두자니 다리에 너무 신경이 쓰여 견딜 수가 없다. ……44사이즈 열풍에 S라인, V라인, 꿀벅지, 개미허리, 각진 어깨, 심지어 허리-골반 비율, 허벅지-종아리-발목 비율까지 몸에 적용되는 아름다움에 대한 기준이 세분화되고 엄격해졌다.

그 주에 발행된 〈이대학보〉에 실린 학생의 기고글 중 일부 내용입니다. 같은 지면에는 '대학생의 절반은 1년 내내 도서관에서 단 한 권의 책도 대출하지 않는다.'는 글이 실려 있었습니다.

학보에는 늦잠을 자느라 전공 수업에 결석하고 온라인 사이트를 통해 병원 진단서를 허위 발급받아 제출했다는 기사와 아예 돈을 주고 진단서 파일을 구입해서 필요할 때마다 거짓 제출하고 있다는 내용도 있었습니다.

이 지경이니, 무슨 세탁기나 냉장고 사양(仕樣)처럼 젊은이들의 '스펙 타령'을 듣는 것만도 지겨운데, 내 눈으로 확인한 대학의 현실은 실망을 넘어 암담하게 비칠 밖에요. 비단 이화여대만의 얘기는 아닐 테지요. 내가 어쩔 수 없는 '꼰대'인지 몰라도, 한국 사회 변화에 21년 갭을 가진 물정 모르는 촌스런 호주 사람이라 그런지는 몰라도 요즘 대학생들, 다 그런 건 아니라 해도 너무 철딱서니 없고 한심해 보입니다.

괜히 학교를 찾아가 못 볼 꼴 본 것 같아 속이 상하지만 다시 만나면 도대체 무슨 생각을 하고 사는지 한번 물어봐야겠다 싶어 두 번 다시 안 갈 거라며 접었던 마음을 펴고 있는 중입니다.

거소증과 코리안 드림

지난달에 '외국국적동포 국내거소신고증'이란 걸 발급받았습니다. 한국에 있는 동안 이 '증'이 주민등록증을 대신한다니 이제 신분 증명을 위해 매번 여권을 갖고 다닐 필요도 없고 체류 석 달 후부터 붙은 불법 체류자라는 불명예스러운 딱지도 떼게 되었습니다.

한국 온 지 어언 다섯 달, 거소증까지 받고 보니 20년 전 호주 시민권을 받았을 때의 감회도 잠깐 스치고 귀화 후 재귀화한 것 같은, 과장된 감상에도 언뜻 젖어 듭니다. 거소증이 있건 없건 일정 기간 머물게 될 한국 생활에 큰 차이는 없을 텐데도 '증'에서 오는 묘한 느낌 탓입니다.

그건 그렇고 일을 보기 위해 출입국관리소를 두어 차례 찾아갔을 때의 정체 모를 생경함과 소외된 자들에게 행해지는 무단(武斷)의 기미를 지금껏 떨쳐 내지 못해 이 글을 씁니다. 중국 동포들을 대상으로 출입국관리소 주변에 어떤 울울한 거래의 분위기가 감돌았기 때문입니다.

　이 서글픈 느낌은 뭘까……, 도무지 감이 안 잡히는 중에 저를 조선족으로 오인한 '전단지 할머니'가 길을 막아서며 "바로 가 봐야 어차피 안 나와. 여길 먼저 찾아가요. 신체검사도 문제일 것 같은데?" 하며 작은 쪽지를 불쑥, 그러나 은밀하고 낮은 음성에 실어 건넸습니다.

　한국 와서 '조선족 같다.'는 소리를 더러 들어온 터라 "여기까지 왔으니 일단 출입국관리소부터 가 보구요, 나중에 들를게요."라며 저도 천연덕스레 대꾸했습니다.

　여느 전단지와는 달리 마치 '접근'을 시도하는 '삐끼'의 그것처럼 손에 '앵기'도록 쥐어 주는데, 도대체 가 봐야 '안 나온다.'는 것이 거소증을 말하는 건지, 찾아가라는 '거긴' 또 뭘 하는 곳인지, 재중동포들은 신분 문제에 어떤 가려운 곳이 있기에 애를 태우는지 전혀 알 도리가 없었습니다.

　뭔가 법대로 안 되는 구석이 있으니 '해결사'들이 주위에 있을 테고, 모종의 편법이라도 있다면야 사람 사는 일에 그만해도 다행이며 어쨌거나 그런 수단이라도 있는 게 고맙기까지 할 테지만 찜찜

하니 개운치 않은 여운 또한 어쩔 수 없었습니다.

그때 마침 마주 오던 아주머니 하나가 "이제 한국 거소증도 나왔으니 좀 좋으냐, 우리 한번 열심히 살아보자."며 달뜬 연변 사투리로 누군가와 희망에 부푼 전화 통화를 합니다.

우리에겐 그저 무덤덤한 일상의 나라, 아니 무덤덤만 해도 다행이고, 온갖 불평불만에, 비난과 남 탓에 죽겠다는 소리로 노상 아우성인 나라의 같은 시공간을 가르며 이렇듯 장밋빛 미래를 꿈꾸는 환희의 소리가 섞여 들 수 있다니요. 권태, 나태, 태만의 타성에 금이 간 듯, 잊고 있었던 수치심이 자극되며, 같은 거소증이라도 누군가에겐 이른바 '코리안 드림'이 막 점화되는 순간이며 새 출발의 상징일 수 있다는 것이 뭉클하게 다가왔습니다.

제가 아무리 20년 넘게 남의 나라에서 살아가는 이민자라 해도 저의 호주살이와 조선족들의 한국살이를 같이 놓고 '더부살이하는 설움' 운운하며 감히 동병상련을 논할 처지가 아니기에 자괴감이 더 컸습니다.

출입국관리소 앞에서 받은 전단지 중 한 장을 글을 쓰고 있는 지금 무심코 펼칩니다.

불법 체류 및 이혼 소송 후 불법 체류 특별 상담, 위장 결혼 입국, 한국인과 결혼 후 폭행, 별거, 금전 요구 등으로 고통받고 있는 경우 전문 상담, 일하고 돈 못 받거나 체불된 케이스, 부당 해고, 2백만 원 이상 벌금 징수 속 시원한 상담 및 해결

　한국에 와 있는 재중동포들의 시름겨움과 고통이 총망라, 집대성된 문구 앞에 아연해집니다. 아마도 앞서 말한 '해결사'들이 이런 류의 일을 맡아 해 준다는 뜻이었나 봅니다.
　다는 아니겠지만 특별 상담, 전문 상담, 속 시원한 상담, 나아가 해결을 기다리는 문제들은 한국인들의 악한 의도와 악질적 행위에 기인한 것이 대부분일 것입니다. 부끄럽고 안타깝습니다.
　'코리안 드림'의 희망으로 제 곁을 스쳐 갔던 조선족 아주머니의 달뜬 목소리, 밝은 음색, 연변 사투리의 고저·장단을 지금도 또렷이 기억하고 있습니다. 그 아주머니의 한국 생활만큼은 절망과 좌절로 얼룩지지 않기를 간절히 바라마지 않습니다.

세월호가 세월 속에 가라앉지 않으려면

지난 부활절 아침, 무고한 어린 생명이 떼로 수장(水葬)될 지경에서 혼자 살겠다며 도망친 선장과 돈 몇 푼에 스승 예수를 판 유다가 겹쳐 떠올랐습니다.

결론부터 말하자면 저는 제가 그리 좋은 사람이 못 된다는 걸 잘 알기 때문에 내가 그 상황에 처하지 않은 것, 다행히 나는 예수의 직접 제자가 아니고 특히 배를 모는 사람이 아니라는 사실에 감사하고 있습니다. '순직을 한들 누가 알아줄 것이며, 어차피 자기밖에 모르는 세상, 잊히면 그뿐, 나부터 살고 보자.'라는 갈등에 놓이지 않은 것도 운이 좋아서라고 생각합니다.

팔아넘긴 건 예수가 아니라 자신의 영혼이었다는 사실을 깨달은 유다, 미욱함으로 일은 이미 벌어졌지만 뒤늦게 오열하며 예수를 판 돈과 자기 목숨을 내던지는 유다는 될 수 있을까 싶다가도 그도 자신이 없습니다.

　재수 없었다는 듯 물에 젖은 돈을 말리고, 조사받는 중에 엉덩이가 아프다고까지 한 선장의 파렴치에 "아버지, 저들을 용서하소서! 그들은 자기가 하는 일을 모르고 있나이다."라고 한 십자가 형틀의 예수의 말을 떠올릴 수는 있어도 대놓고 욕을 못하는 이유도 그래서입니다. 그의 모습이 내 모습이 아니라는 장담도 못할 뿐더러 당해 보지 않은 일, 처하지 않은 상황에서 자신의 행동을 확신할 정도로 저는 성숙한 인격의 사람이 아니기 때문입니다.

　그럼에도 그의 비겁함이 경멸스러워 죽겠던 차에 "임진왜란 때는 왕이 도성을 버리고 도망가고, 6·25 때는 전쟁 지도부가 한강 다리를 끊고 도망가더니, 이번엔 선장이 승객을 버리고 내뺐다."며 분개한 어느 네티즌의 말이 시대와 상황, 지위고하를 막론하고 결국 사람은 다 거기서 거기라는 말로 들려 제겐 오히려 위안이 됩니다.

　침몰 직전까지 승객을 구조한 후 가라앉는 배와 운명을 함께한 타이태닉호 선장의 행위는 그래서 영웅적입니다. 사람의 인격은 결정적인 순간, 즉 스스로 통제하기 어려울 때 확실히 나타난다고 하듯이 절체절명의 때에, 세월호 선장과 타이태닉호 선장의 태도가 타인의 운명을 확연히 갈라 놓았습니다.

이번 참사로 인해 매스컴에서 가장 많이 들리는 소리가 '원칙대로'입니다.

　"인간의 불행은 스스로 할 수 있는 일을 하지 않는 데서 비롯되며 사회의 불행은 각자 할 일을 하지 않는 데서 비롯된다."는 말과 "우리는 서로 모르는 사이지만 서로 돕고 살 수는 있다. 자기 일을 열심히 하면 그것이 바로 누군가를 돕는 일이 된다."라는 말도 '원칙대로'와 무관하지 않게 들립니다. 세월호 선장이 원칙을 뒤집지 않았다면 배가 뒤집히지 않았을 테니까요.

　하지만 속으론 '원칙 좋아하시네.' 하고 냉소를 머금게 됩니다. 남의 집구석은 관두고 '내 식구'라 할 언론계만 봐도 원칙대로, 양심대로 기사를 쓰는 사람이 얼마나 될지……, 맥없이 '우리나라는 언론이 가장 문제'라는 질타를 듣겠습니까.

　이번 사고로 거짓말하는 어른들을 못 믿겠다는 글을 쓴 어느 대학생, 돈으로 허위진단서 사서 출석 때우는 동료들의 거짓은 어떤 변명으로 둘러댈 건가요. 하긴 돈 주고 교수 자리 사는 대학 문화에서 배웠다고 하면 할 말 없지만.

　취업생들, 공무원 자리만 '들입다 파는' 것도 '철밥통' 차지하자는 거지, 국민의 충복이라는 고결한 의지와는 아무 상관없지요. 초·중·고생들도 같은 이유로 일찌감치 경쟁에 내몰리면서 '그저 너만 생각하라, 돈이 제일'이라고 부모로부터, 사회로부터 무시로 주입받고 있습니다. 부러워하면 지는 거라면서요? '우스운 말'이 아니라 '무서운 말'입니다.

그러면서도 대형 사고가 터질 때마다 '원칙대로'에 핏대를 올리는 연유는 우리 사회의 집단 투사심리에 기인하지 않나 싶습니다. 자기 스스로 인정하고 싶지 않은 성격적 결함이나 감추고 싶은 치부, 사회적으로 용인될 수 없는 욕망이나 행동 등을 타인에게서 발견하는 순간, 마치 먹잇감처럼 집중적으로 비난의 화살을 쏘며 희생양을 삼는 것이지요. 누군가의 이기적인 행동에 예민하게 반응하며 유난히 그 사람이 밉다면 자신 속에 있는 그의 것과 같은 이기심을 들여다볼 수 있어야 함에도 오히려 그 사람을 맹비난하는 것으로 자신의 치부를 가려 버립니다.

우리 사회의 콤플렉스인 '비정상의 정상', '무원칙의 원칙'이 이번 참사를 통해 자극을 받으면서, 전 국민적 투사 작용이 일어나 마치 집단적 카타르시스를 경험하고 있는 느낌입니다.

그럼에도 핵심은 '원칙대로'에 있습니다. 원칙대로 하되 개인 윤리에만 의존해서는 안 될 것입니다. 궁극적으로는 개개인의 이타심, 도덕성, 책임감 등이 한 사회의 질을 결정짓지만 개인의 윤리적 판단, 성숙한 자기 원칙에만 의지하고 기대하기엔 세상이 지나치게 복잡해졌기 때문입니다.

결국 시스템입니다. 이른바 선진국이란 시스템이 살아 있는 나라입니다. 사회 각 분야가 효율적, 실질적 시스템 아래 반복 훈련을 얼마나 잘 하느냐, 그 결과 '학습된 의지'가 얼마나 잘 구현되느냐가 관건입니다. 요즘 노상 쓰는 엉터리 표현으로 하자면 선진국이란 국민이 '착한' 나라가 아니라 시스템이 '착한' 나라입니다.

개인이든 국가든 재난과 고통을 되풀이하는 데에는 사태에 대한 감정적 대응이 장애 요인으로 작용합니다. 대형 참사 앞에 늘 그랬듯 아비규환, 점입가경으로 치닫는 감정적 소용돌이로 인해 '세월호'가 '세월 따라' 잊히고 '세월 속'에 가라앉을 조짐이 벌써 보이는 듯합니다.

시스템이 작동하질 않으니 감정으로라도 쏟아 내는 것인데 그러기에 참상을 통해 배우지를 못합니다. 감정적이 될수록 허탈하고 무력한 나머지 자책에 겨워 탈진하게 됩니다.

쏟아지는 말들 속에서 간혹 이성적으로 대처하자는 소리도 섞여 들고 있는데 저는 그것을 시스템으로 대처하자는 의미로 받아들이고 있습니다.

'재미있는 지옥'을 언제까지

좌석 벨트 사인에 불이 켜지고 기내 방송이 나오기 시작했다. "7월 18일 겨울 날씨의 시드니 현재 기온은 섭씨 8도, 하늘은 맑고 쾌청하며 습도는……."
기장의 아나운스먼트가 계속되는 동안 앞으로 나와 가족들이 살아갈 낯선 땅 호주가 점점 가까워오고 있었다.
동그란 비행기 창을 통해 그림 같은 시드니 시가지를 내려다보며, 떠나온 내 나라와는 다른, 하늘 아래가 펼쳐져 있음을 비로소 실감한다. 나의 호주 이민 생활이 막 시작되고 있는 것이다…….
창문을 쪼아 대는 새소리에 잠이 깨고 지천으로 피어나는 꽃향기에 혼곤히 취하는 나라, 아이들은 지치지도 않고 초록 잔디밭과 푸른 바다를 배경으로 그림을 그리며, 바베큐 파티가 벌어지는 잔디

밭 한편에는 가방을 베개 삼아 소르르 잠이 든 젊은이의 초상이 삽화처럼 평화로운 곳…….

수면 위를 매끄럽게 헤엄치는 오리의 여유도 실은 안간힘을 다하는, 물밑의 갈퀴를 감추고 있듯이, 겉으로는 제법 이 땅에 적응이 된 듯하지만 배내 정서의 이물감으로 까무룩한 내 나라 품속을 마냥 서성대는 꿈을 꾸는 세월이기도 했다…….

저의 호주 이민 이야기 『심심한 천국 재밌는 지옥』을 요즘 이따금 떠들어 봅니다. 1992년에 시작된 호주살이가 살갑고도 정겹게, 낯설고도 서럽게 조각조각 어우러져, 잇대어 꿰맨 조각보처럼 펼쳐집니다.

곳간에 쌓아 올린 재물이 부자의 자랑이자 힘이듯이 오랜 습관이 된 일상의 기록은 제게 내면의 '뒷심'이자 마음이 스산할 때 스스로 비벼 대는 언덕입니다.

페미니스트 작가 앨리슨 루리(Alison Lurie)가 "나는 연필과 종이 그리고 혼자 있는 시간만 있으면 세상을 바꿀 수 있다."고 한 말이, 가진 거라곤 '노트북 한 대와 혼자 있는 시간'밖에 없는 제게 위무가 됩니다.

제 글이 무슨 '세상씩이나' 바꾸겠습니까만, 외돌토리로 21년 만에 다시 한국에 돌아온 저를 토닥이며 보듬기는 하니까요.

2000년에 낸 첫 책에는 이민 첫날, 첫 새벽을 맞는 기내에서의 감회와 밤새 보채던 8개월 된 큰아이를 둘러업고 양손엔 이민 보따리를 그러쥔 채 시드니 공항에 내리던 날의 기억서껀 호주 땅 이방인의 소회가 담겨 있습니다.

  '말이 좋아' 21년이고, '말이 통해' 21년이지 한국을 떠나 있던 21년이란 과거가, 한달음에 현재와 조우하기란 '말과 같이' 쉽지 않습니다. 오죽하면 한국에서 제가 얻은 별명이 '조선족'이겠습니까.

  흔히 해외 이민자들은 고국을 떠난 시점에서 가치관과 정서 상태가 고정된다고 하듯이 저 또한 90년대 초반의 한국 정서를 그대로 가지고 있대서 얻은 별명입니다.

  그도 '충격적'인데 더러는 "요즘은 조선족도 그 정도는 아니"라는 사족을 달아 '확인 사살'에 들어가는 분들도 계시니 그런 말까지 들으면 그 자리에서 '꽈당'입니다.

  아닌 게 아니라 한국은 1년에 한 번씩 와도 어디가 어딘지 헷갈리는 판에 무려 21년이란 세월 속에 변해도 너무 변했으니, 90년대 한국의 사고방식에 고착된 채 변하지 못한 내 쪽에서 '조선족이란 말을 들어도 싸다.' 싶기도 합니다.

  그러니 더는 상처 받지 않기 위해, 이미 받은 상처를 덧내지 않기 위해 자기 상처를 핥는 짐승처럼 혼자 웅크린 채 내 책, 내 글 하고만 조곤조곤 이야기하는 '자폐성 나르시시스트'가 된 겁니다.

그렇게 시작된 나르시시즘, 『심심한 천국 재밌는 지옥』을 서문부터 읽어 나가는데, 마치 '지옥' 문 앞에 선 듯 아득하고 어처구니없는 문장에 가슴이 '쿵' 내려앉고 팔에 '오소소' 잔소름이 돋습니다.

> 사고와 비리가 끊이지 않는 불안한 한국을 떠나고자 이민을 결심하는 사람들이 최근 많아졌다고 한다. 이민이 능사는 아니지만 안전하고 예측 가능한 삶을 살기 위해 내 나라를 등질 결심을 한다니 서글픈 일이 아닐 수 없다.

1년 단위로 변하는 한국, 아니 1년에 두 번 와도 휘황한 변화에 주눅이 드는 내 나라에 변하지 않는 것이 있긴 있었던 것입니다. 그런데 그게 하필, 20년 전이나 지금이나 하나도 안 변한 것이 하필 '사고와 비리'라니…….

몰래 한 나쁜 짓이 들켰을 때처럼 수치스럽고 허방을 디딘 것처럼 허망하여 자위 삼아 시작한 내 책 읽기가 이 대목에서 딱 걸려 더는 나가지 못하고 있습니다.

찬란하고 황홀한 물질 세례와 사치와 현란과 은성한 불빛으로 날이 새고 날이 지는 조국에 '안전하고 예측 가능한 삶'은 왜 정착되지 않는지, 아니 오히려 더 후퇴하고 있는 현실에서 도대체 누구를 붙잡고 따져 물어야 할지 참으로 갑갑하고 답답합니다.

일껏 적응해서 살아 보자고 와 놓곤 이렇게 망연자실하게 되니, 기왕 호주 시민인데 치사하고 구차하나마 목숨이라도 보전하려면 '심심한 천국'으로 되돌아가야 하지 않을까 하는 이기적인 마음까지 올라와 더 심란한 요즘입니다.

'얼'빠진 '을'의 나라

요즘 한국은 난데없이 '갑을관계' 공방이 한창입니다. 지렁이도 밟으면 꿈틀하고 쥐도 몰리면 고양이를 문다더니 갑의 횡포에 숨소리도 못 내고 살아온 을이 생존의 올가미에 걸려 쌓이고 쌓였던 분노를 걷잡을 수 없이 토해 내고 있습니다.

분야에 따라서는 그냥 갑도 아닌 '슈퍼 갑'이 존재한다니, 그로 인해 자살까지 하게 된다니 한국 사회가 그 정도까지 정도(正道)를 벗어나 있다는 사실이 믿기지 않을 뿐만 아니라 기괴스럽기조차 합니다.

3년 전, 제 경험을 바탕으로 자유칼럼그룹에 '갑도 을도 아닌 것이'라는 칼럼을 쓴 적이 있는데 지금 다시 읽어 보니 말장난을 한 것 같아 실제 고통을 겪는 분들에게 미안한 마음이 듭니다.

저는 그때 "군림하고 군림당하는, 지배하고 복종하는, 승자와 패자가 극명히 구분되는 현실 구조 속에서도 한 가지 공평한 것은 갑도 을도 삶이 혼돈스럽고 고통스럽기는 마찬가지란 점입니다. 경쟁과 욕망으로 점철된 현실의 삶에만 코 박고 있는 한, 한순간도 진정한 자기 자신으로 살아갈 수 없다는 점에서 둘은 공평하게 불행하며, 기쁨은 찰나적일 뿐, 허다한 시간이 공허와 허무로 메워지는 것도 똑같습니다. 반짝 의욕이 생기는 듯하다가 이내 좌절의 나락에서 뒹구는 느낌도 갑과 을에 구분 없이 찾아드는 쓰라린 감정일 것입니다."라는 그럴듯한 말을 했는데, 인정사정없이 폭력적이고 비인간적인 갑에게 가없는 생계의 위협과 인격적 모독을 당하는 을의 처지에선 한가하고 배부른 소리로 들렸을 거라는 반성을 하게 됩니다.

그러나 못된 시어미 밑에서 호된 시집살이를 한 며느리가 나중에 더욱 못된 시어미가 된다고 하듯이, 갑과 을의 양상이 바뀐다거나 어제까지는 을이었다가 오늘 갑이 된다면 그간 당한 못된 짓을 그대로 되돌려 주지 말란 법도 없을 것입니다. 그때는 어쩌면 더 가혹하고 더 잔인하게 상대의 목을 죌지도 모릅니다.

제 생각엔 한국 사회의 근원적이며 노골적인 '갑을관계'는 천박한 자본주의에서 파생한 '사람과 물질의 기형적 관계'에 있지 않나 싶습니다. 이번에 5년 만에 대면한 한국은 물질이 '갑'이고 사람이

'을'인 괴물 같은 세상이라는 느낌을 주었습니다.

일례로 이번 한국 방문 중에 '착한 가격', '착한 점심,' '착한 고기' 따위로 사물을 인격화하고, 물건을 칭할 때 "얘는 얼마고", "쟤는 어떻고" 하는 소리가 귀에 거슬렸습니다. 반대로 연예인 등 선망의 대상이던 사람이 결혼을 하면 '품절남', '품절녀'라는 말로 사람을 더 이상 거래되지 않는 상품 취급하는 것도 당황스럽기는 마찬가지였습니다.

파괴적이고 혼란스런 언어 개념이 한둘이 아닐진대 초콜릿도 '사랑하고' 핸드폰도 '사랑하고' 개도 '사랑하면서' 동시에 아내나 남편도 '사랑할 수 있'는 것도 사람이 가장 하찮은 '을'이기에 가능합니다.

무심결에 듣기엔 재치 있고 삼박한 표현 같지만 사람에게 붙여야 할 인격성을 물질과 상품에 내줘 버린 후 물질이 사람 대접받는 세상, 상품이 '갑'이 된 세상의 은유일 뿐입니다. 재미 삼아 비트는 언어, 과장된 표현과 유머에는 그 시대, 그 세대의 가치관이 반영되는 법이니까요.

그런가 하면 이른바 해외 유명 브랜드 명품 가방과 '짝퉁'을 섞어 놓고 진품을 찾아내는 텔레비전 프로그램을 본 적이 있었습니다. 고급스런 원단이나 바느질의 꼼꼼함, 끝마무리, 부착 장식품의 견고성 등에서 진품 식별이 가능할 것이라는 상식을 깨고, 어깨에

메는 순간, 손에 드는 순간 '죽죽' 올라가는 자존감, 자신감, 자부심을 느끼게 하는 것, 그게 바로 명품이라는 증거라는 말에 아연실색했습니다.

아무리 오락 프로그램이라지만 기가 막혔습니다. 가방 따위가 사람의 인격과 인간적 품위를 결정한다니, 그게 곧 '갑'이라는 게지요. 그 밖에 철 따라 옷 바꿔 입는 것보다 더 가벼이 행해지는 가공할 성형수술 등 인격을 물화(物化)하며 인간을 간단없이 '을'로 전락시키는 상황이 도처에 만연해 있다는 것에 오싹한 느낌이 들었습니다.

물질을 인격화하고 사람보다 돈을 앞세우는 한, 한국 사회의 기형적 갑을관계는 개선될 여지가 없어 보이기에, 앞서 언급한 제 '갑을 칼럼'에 달린 한 독자의, 요원하지만 따스한 댓글로 이 글을 마무리할까 합니다. 결국 '그대 있음에 내가 있다.'는 말이겠지요.

> 갑을의 계급적 관점은 삭막하고 어둡지만 대립이 아닌 낮과 밤, 여자와 남자, 저자와 독자, 교사와 제자, 실과 바늘 같은 동반자적 관계라면 따스한 동행이 되지 않겠습니까?

거미줄 단상

호주의 여름 내 잦았던 비가 가을로 접어든 지금까지 이어지고 있습니다. 온통 눅눅해진 대기로 인해 대거 출몰한 거미떼가 마을 전체를 점령한 곳도 있다더니, 사진에서는 마치 온 동네가 흰 모기장에 휘감겨 있는 것도 같고, 거대한 누에고치 속에 둘둘 말려 있는 것처럼도 보입니다.

크고 시커먼 거미가 군데군데 박혀 한 덩어리로 뭉쳐진 거미줄은 마치 검은 콩이 듬성듬성 섞인 백설기를 연상시킬 정도입니다. 무심한 거미로서는 살기 힘든 축축한 공간을 벗어나 마른 곳으로 이동하기 위해선 계속해서 거미줄을 치는 것 말고는 달리 수단이 없었을 테지만 인간으로서는 삶의 터전을 잠시 거미에게 빼앗긴 꼴이 된, 어이없는 상황을 맞게 된 셈입니다.

아닌 게 아니라 늘 다니는 길에서도 요즘 부쩍 거미줄이 많아진 것을 확연히 봅니다. 한 입 크게 베어 문 솜사탕이 입가 언저리에 엉겨 붙는 것처럼 멀쩡한 통행로에서도 느닷없이 거미줄이 얼굴을 덮치고, 투명줄에 매달려 여기저기 공중에 떠 있는 나뭇잎들은 작은 마술을 보여 주는 것 같습니다. 늘 다니던 산책길임에도 하룻밤 사이, 길 이쪽과 저쪽을 가로지른 촘촘한 '거미줄 문짝'이 막아설 때면 그 '문'을 온몸으로 통과해야 한다는 순간의 긴장감에 거미에 점령당한 황망한 마을이 떠오릅니다.

죽자고 줄을 치는 요즘 거미들은 그래봤자 뒤처져 제때 피난을 못 간 '루저들'이지만, 이들 남은 자가 온 동네를 옥죌 듯이 거침없이 줄을 얽는 것을 볼 땐 이렇게 살기 힘든 때에 거미들만 호경기를 만났지 싶습니다. 게다가 높아진 습도로 줄은 더욱 끈끈해지고 질겨져서 평소보다 쉽게 먹이가 걸린다니 바야흐로 거미 세상은 단대목을 맞았습니다.

이렇듯 재산 증식의 호기회를 맞아 거미들의 투자 방식도 전에 없이 과감해졌습니다. '내 사전에 투기는 없다.'는 듯 세태와는 무관하게 늘 그랬듯이 분수에 맞게 자그마한 집을 짓는 '소신파'는 제외하더라도 역시 때가 때인 만큼 사방, 아래위로 걸칠 곳만 있으면 무조건 걸쳐서 복층으로 줄을 엮은 '기업형' 거미줄이 대세입니다.

무작정 큰 규모로 문어발, 아니 '거미발'식 확장을 꾀하다 보니 인근의 소규모 거미줄을 간단없이 잠식하며 독식체제로 먹어 들어갑니다. 주변에 영세 규모의 집을 지은 거미들은 졸지에 생존 터전을 빼앗기고 무작정 어딘가로 생업의 장소를 옮겨야 하니 그네들은 말만 호경기지 전보다 더 심해진 빈부격차를 느낍니다. 보다 큰 집을 짓겠다는 욕심에 서민들, 소액 투자자들이 나자빠지거나 말거나 큰손들은 옆의 또 다른 비슷한 부류의 거대 거미들과 합병을 시도하며 얼키고설킨 기업 구조를 공고히 한 후 이제는 각자의 성채에 똬리를 틀고 부를 꾀할 궁리를 본격적으로 하는 일만 남았습니다.

오묘하고 때로는 예술 작품이라 해도 손색없을 만큼 아름다운 거미줄을 관찰하며 품게 된 싱거운 생각들이지만, 건조하게 보자면 제 아무리 거대하고 정교하다 한들 거미줄은 거미줄일 뿐입니다. 인간에게는 손으로 '슥~' 쓸어 버리거나 빗자루로 한번 훑으면 당장 없앨 수 있는 성가신 존재일 뿐이니까요. 거미가 동네를 통째로 '접수'하는 사태도 벌어지긴 했지만 사람이 맘먹고 대대적인 청소 작업에만 들어가면 거미줄 없애는 것이 무슨 문제이겠습니까.

더군다나 차가 빠져나오거나 나뭇더미에 불이 붙으면 허망하게 무너질 줄도 모르고 가정집 차고 앞이나 곧 소각할 나뭇더미에 나름 야심차게 지어진 거미줄을 볼 때면 운명의 한 치 앞을 내다볼 줄 모르는 그 미물이 그저 가소롭습니다.

하지만 사실 그런 허방에 집을 짓고 소망도 없는 곳에서 생명을 이어 가려는 헛된 몸짓이 어찌 거미뿐이겠습니까. 절대자가 인간을 바라볼 때도 비슷하게 가소롭지 않을까요. 이웃은 죽든 말든 나만 잘 먹고 잘살면 그만이고, 곳간만 채우면 영원히 살 것 같은 착각에 끊임없이 빠져드는 우리들을 절대자는 어떤 심정으로 바라볼지, 요즘 거미를 보는 제 마음에 빗대어 헤아려 봅니다.

거미가 그 큰 집을 짓느라 수고하고 악착같이 먹이를 끌어모았음에도 무너져 내리는 것은 한순간이라면, 앞날을 알 수 없는 사람살이의 이치도 이와 같지 않을까요. 늘 다니는 익숙한 길에서 생겼다 없어졌다 하는 거미줄을 보면서 어떻게 살아야 잘 사는 것인지 자주 생각해 보는 요즘입니다.

압구정동 신현대 아파트 주민들께

이렇게 말해서 미안합니다만, 우리나라가 자살 공화국이라는 오명을 왜 얻었는지 알 것 같습니다.

당신들의 '맘보'를 보니 느낌이 옵니다. 물론 저도 압니다. 하필 댁의 아파트에서 '재수 없는' 일이 더졌을 뿐이라는 걸. 다른 아파트 주민이라 해도 마찬가지였을 테니까요. 그러기에 너도나도 '자살 부추기는 사회' 아닌가요.

남이 잘못하면 어떻게 인간이 저럴 수 있냐고 분개하지만 내가 겪으면 똑같이 야비해지는 게 인간이니까요. 물론 저도 예외가 아닙니다. 오히려 한술 더 뜰걸요. 그래서 우리 모두는 '세월호'의 공범이 아닌가요.

댁 아파트에서 일하는 경비원 78명과 환경 미화원 등 총 106명의 노동자를 엄동설한에 쫓아내기로 하셨다구요. 생뚱맞게도 "각하, 시원하시겠습니다."라는 말이 이 대목에서 떠오르다니, 나 원 참. 여튼 참 시원도 하시겠습니다.

제대로 '갑질'을 하셨습니다만, 피해자 집단에게 보복을 가하다니 엄밀히는 댁들이 '을'이라는 소리로 들리네요. 남보다 많이 가지고, 힘 있는 위치에 있으면서도 마음은 바늘 하나 꽂을 데 없이 쏠아 빠져서 스스로를 피해자라고 생각하는 사람이 결국 '을' 아닌가요? 내 인생의 주인이 내가 아닌 사람을 두고, 타인에게 이리저리 휘둘리는 사람을 통상 '을'이라고 하지요. 원래 그러실 분들이 아닌데 모지락스런 추위가 갑자기 닥치니 마음도 덩달아 모지락스러워진 거겠죠. 안타깝습니다.

하기사 찬란한 계절 4월조차도 '잔인한 달'이라 하고, 실제로 우리는 올해 '세월호'라는 전대미문의 잔인한 4월을 겪었습니다. '세월호'로 시작된 새봄의 아픔이 사계절 내내 가슴을 후벼 파더니 당신네 아파트 경비원의 분신자살로 고통의 대미를 장식하는군요.

우리끼리 서로 다독여도 속울음은 그대로일 판에, 절렁대는 거리의 구세군 냄비 종소리만 들어도 가난한 사람들로 가슴이 아릴 세모에 어쩌면 그리 잔인한 처사를 할 수 있답니까.

사람을 죽음으로까지 몰고 갔던, 그것도 가장 고통스럽다는 분신을 택하게 만든 그 입주 노파는 오히려 당당해져서 어쩌면 요즘 주민들의 '소영웅'이 되었을지도 모르겠군요. 세상 논리는 이따금 해괴하게 돌아가는 법이니까요.

"원래 일을 잘 못해서 연말에 용역 업체를 바꿀 예정이었다. 경비원 분신과는 관계없다."라고 했다지요? 뭐 그럴 수도 있겠지요. 오죽이나 일을 못했으면 잔소리로, 모멸로 '죽여 버렸을까요.' 저는 아파트 경비원으로서 일을 잘 못한다는 것이 '죽을죄'라는 걸 이번에 알았습니다. 하지만 정말 그런 이유라면 지금은 때가 아닙니다. 오해받습니다. '자르려고' 했던 계획도 거둬들여야 할 판이지요. 여러분은 잘 모르실 테지만 정상적이고 상식적인 사람들은 그렇게 행동합니다.

모르긴 해도 처음에는 뉴스를 보고 여러분들도 많이 놀라고 가슴 아파하셨을 겁니다. 그런 독한 노파와 한 아파트에 산다는 것을 수치스러워했을 것도 같아요. "그 경비원, 일도 제대로 못하더니 잘 죽었다."라고 말한 분은 아마 한 분도 없었을 겁니다. 그 경비원이 누군지도 대부분은 몰랐을 거구요.

잔인한 노파로 인해 한동안 모두 죄인인 양 숨죽이고 있는데 동료의 분신으로 경비원들이 '이때다!' 하고 주민들에게 그간의 불평 불만을 터뜨렸을 거라는 것도 짐작은 갑니다.

그러다 보니 마음이 슬슬 달라지고 괘씸해졌겠지요? '지들이 누구 덕에 먹고사는데 감히 어디서' 싶었겠지요? 안 그래도 신경이

날카로운데 그런 식으로 달려드니 '확' 다 잘라 버리자 싶기도 했을 겁니다.

　주민 대표, 근로자 대표들이 설왕설래, 시시비비를 가리느라 열을 받다 결국은 이런 보복성 대응을 하게 된 거겠지요. 물론 주민들 중에는 여전히 우리가 잘못하고 있다며 죄스러워하는 분이 있을 테지만 그런 분들일수록 목소리를 안 내는 편이죠.

　그러나, 그러나 말입니다. 어떤 경우에도 내가 우위에 있다면, 내가 힘이 있는 처지라면 이렇게 하는 게 아닙니다. 권투 선수 등 운동선수는 아무리 화가 나도 일반인에게 주먹을 휘두르지 않는다고 합니다. 그것이 선수들의 룰이라고 합니다.

　'승질'대로 했다간 상대가 죽을 수도 있기 때문이지요. 한마디로 '게임'이 안 되는 것을 알기 때문이랍니다. 그 부분에 관한 한 '강자'라는 것을 스스로 알기에 봐주는 거지요.

　아이가 아무리 말을 안 들어도 부모가 제 분대로 할 수 없는 것과도 같은 이치입니다. 아이는 부모에 대해 약자이자 완전 의존적 존재니까요. 신체적, 정서적으로 잘못하면 죽을 수가 있는 것이 아이들이니 아무리 난리를 쳐도 부모가 져 줄 수밖에 없는 이유입니다.

　저는 누구와 말로 대거리하는 것을 자제하려고 노력하는 편이며, 글로써 보복을 해서는 안 된다는 제 나름의 원칙을 가지고 있습니다. 말과 글이 제게는 남들이 갖지 못한 힘이라는 걸 알기 때문입니다. 저한테 당하고 난 상대는 '어디 두고 보자!'며 앙심을 품고 저를 이길 수 있는 자신의 무기를 이빨과 함께 갈겠지요.

조금 다른 이야기입니다만, 우리가 순수한 마음으로 누구를 도울 때조차도 상대가 밉상으로 굴 때가 있지요. 공연히 불평불만을 늘어놓고 시비를 걸고 때론 원망까지 하면서 봉사자의 마음을 심란하게 하는 것이죠. 하지만 그럼에도 그 일을 계속해야 하는 이유는 그 일이 반드시 필요한 일이며, 해야만 하는 일이기 때문입니다.

마찬가지 이유를 대고 싶습니다.

아무리, 아무리 경비원들이 시원찮게 굴어도 그 사람들은 약자입니다. '을'의 처지입니다. 그러니 주민들이 감싸야 합니다. 본질적으로 그래야 합니다. 안 그러면 그 사람들이 다치기 때문입니다. 그래서 이미 다치지 않았냔 말입니다.

한 사람을 불귀의 객으로 만들었으면 됐지, 78명의 원한, 100여 명의 원망을 어찌 자초하는가 말입니다. 불교에서는 업을 짓지 말라고 하지요. 과보가 크기 때문에 그렇다고 합니다. 동물은 물론이고 식물조차도 척박한 환경에 처하면 가시를 낸다고 합니다.

같이 대거리를 해서는 안 됩니다. 왜 '갑'인 내가 피해의식에 사로잡혀 똑같이 분을 냅니까. 앞서도 말했듯이 그런 행동은 내가

'을'이라는 생각에서 나옵니다. 의연하게 대처하고 아량을 베푸십시오. 원한을 사지 마십시오. 인간답게 사는 일이 그래서 어려운 겁니다.

엄동설한입니다. 내 배 부르고 내 등 따숩다고 남들도 그러려니, 아니면 남들은 굶어 죽든, 얼어 죽든 나 몰라라 하지 마십시오. 남들도 사람입니다. 배고픈 것, 추운 것 똑같이 느끼는 사람입니다. 남의 눈에 눈물을 내지 마십시오. 이번 일은 눈물로도 모자라 피눈물이 될 수 있습니다. 자살 공화국이라는 오명에 인증 서명하는 꼴입니다.

언젠가는 부메랑이 되어서 돌아오는 것이 세상 이치입니다. 갑도 을도 실상은 없습니다. 우리 모두는 함께 살아갈 수밖에 없는 존재입니다. 제발 결정을 번복하십시오. 그 사람들을 위해서가 아니라 나를 위해서 그렇게 하십시오.

빈정대듯 말해서 미안합니다. 하지만 글 쓰면서 이렇게 화가 나 보기는 처음입니다. 몇 번이나 숨을 고르며 삭이느라 이제서야 끝맺습니다.

'갑질'하는 대형 교회

지난해에 이어 올해도 1년 만에 교회를 가게 되었습니다. 두 번 모두 성탄절 즈음에 말입니다. 과자나 떡을 얻어먹으려고 일부러 날을 잡은 건 아닙니다.^^

등잔 밑이 어둡다더니 집에서 걸어 3분 거리에 교회가 있었던 겁니다. 제가 사는 곳은 서울대학교 밑, 일명 '고시촌'입니다. 교회 이름도 이와 유사하게 '대학촌 교회'인데 마침 올해가 창립 40주년이라고 합니다.

그렇다고 내 발로 찾아간 건 아니고, 4년 전 서울대에 교환 학생으로 왔던 저의 둘째 아들을 유난히 챙겨 주신 종교학과 교수 한 분이 그 교회에 다니는 인연으로 그리되었습니다.

관악산 끝자락 등성이를 뒷마당 삼아 인근 주택과 담을 나눠 아담하고 소박하게 자리 잡은 교회, 일가 같은 교인들이 좁다란 공간에 어깨를 부딪치며 예배를 드리는 곳에 저도 끼었습니다.

초등학생 예닐곱 명이 맨 앞줄에 앉아 시내에 자갈 구르는 소리로 '아기예수'를 찬송하고 그 뒷줄에는 청년도 있고, 나 같은 중년도 있고, 장년들도 계시고, 노년의 모습도 두루 섞여 있었습니다. '큰 교회' 분위기에만 젖어 있다가 두레상 앞에 옹기종기 모인 한 가족처럼 정겹기 그지없는 광경이 생소하기조차 했습니다. 예수님이 두 팔에 보듬기 딱 좋은 크기와 따뜻한 정서를 가진 교회입니다.

지인을 따라 이른바 강남의 대형 교회라는 곳엘 간 적이 있었습니다. 호화찬란한 외관으로 말할 것 같으면 서초동 '사랑의 교회'를 예로 들면 그만이지 더 말해 봤자 숨만 가쁠 뿐입니다. 다른 강남 교회들은 "둘째가라" 해서 미안하지만요.

외관은 그렇다 치고 교회에서 목사 얼굴을 직접 본 적이 한 번도 없었습니다. 목사 얼굴 보는 것은 고사하고 예배당에 들어가지도 못해서 계단에 쭈그리고 앉아 스크린 '중계'를 '시청'했습니다. 목사 얼굴 볼 수 있는 곳에 들어가려면 적어도 1시간 전에 와서 줄을 서야 한다니, 조조 상영 극장도 아니고 매주 할 짓은 아닌 것 같았습니다.

불경스런 말이지만 어차피 같은 예수님 만나러 가면서 내 돈(현금) 내고 문전박대당하는 짓을 왜 사서 한답니까. 내 보기엔 아마

예수님도 문전박대당하지 싶습니다. 목사들 퍼런 서슬에, '삐까뻔쩍' 교회 외관에, 먼지 묻혀 돌아다닌 더러운 맨발로 어딜 감히 들어가신단 말입니까. 더구나 목사는 전용 엘리베이터를 타고 다닌다니 예수님도 그네들 얼굴 한 번 못 봤을 겁니다. '예수 빼고' 다 있을 것 같은 게, 강남의 교회들뿐만 아니라 이 나라 대형 교회들에 대한 제 꼬인 심사입니다.

그럼에도 교인들은 주체 못할 정도로 넘쳐 납니다. 회사로 치면 대기업을 동경하는 심리와 비슷하다 할까요. 대기업 다니는 사람이 중소기업 사원 앞에서 뻐기고 싶은 것처럼 대형 교회 신자인 것이 남들한테 말할 때 훨씬 '폼'나기 때문이겠지요.

'대학촌 교회'도 처음에는 서울대생이 주로 다녔지만 요즘 서울대생은 강남으로 간답니다. '개천 용'이 거의 사라진 후 서울대생의 거개가 강남에 살고 있으니 당연한 현상일 테지만 신림동에 사는 학생들도 강남 쪽 교회로 '빠진다'는 것이지요. 지난 40년간 '대학촌 교회'가 서울대 기독 학생들의 구심점 역할을 해 왔을 걸 생각하면 격세지감이 느껴집니다.

요즘 유행하는 '갑질'에 교회가 선봉에 있다고 해도 과언이 아닐 것입니다. 그도 그럴 것이 목사들이 함께 여행을 갈 때도 '큰 교회'에서 경비를 대 주기 때문에 어쩔 수 없이 '갑을관계'에 놓이게 된다는 뉘앙스의 말을 '작은 교회' 목사를 통해 들은 적이 있습니다.

어떤 사람이 '이유 없이' 싫다면 실은 '이유가 있는' 거라고 하지요. '투사(投射)'라는 것 말입니다. 어떤 개인이, 어떤 조직이, 어떤 부류가 '죽도록' 밉고 못마땅하다면 바로 그러한 요소가 내 안에 있기 때문에 그것이 상대에게서 발견되는 순간 걷잡을 수 없이 마음이 불편해지는 거라네요.

'땅콩 회항'으로 재벌에 대한 증오심에 겨워하면서도 '조현아 땅콩'이 동이 나는 걸 보면 내심으론 재벌이 부럽고 질투난다는 것 아닌가요? 나도 재벌이 되고 싶으니까 재벌이 그렇게 밉고 그 미운 재벌이 욕을 당하니 '땅콩' 씹는 맛처럼 고소한 거지요. 마찬가지로 대형 교회를 욕하면서도 대형 교회를 다니고 싶은 한국 기독교인의 심리를 대형 교회 목사들은 누구보다도 잘 알 것입니다. 그러기에 교회를 부풀려 나가는 데 거침이 없는 거겠지요.

또다시 성탄절입니다. 예수님은 가장 낮은 곳에 임하신다 했으니 적어도 성탄절 하루는 가진 것 없는 자들이 '갑질'하는 날이었으면 좋겠다는 옹졸한 생각을 품습니다. 교회 규모에 관계없이 예수님 계신 곳이 '갑'인 것만은 확실합니다.

'갑질' 반칙, 호주 '옐로카드'

"화끈하게 지는 것보다 구질구질하게 이기는 게 낫잖아, 어제 경기 말이야……."

지난 1월 31일 토요일 저녁, '2015 호주 아시안 컵' 결승에서 한국이 진 것에 통탄하며 길을 지나는 두 젊은 남녀의 대화입니다. 워낙 축구에 관심이 없는 데다 마침 같은 시간에 조촐하고 아담한 음악 명상회에 초대를 받아 갔더랬습니다. '그날의 축구'를 못 봤다는 뜻입니다.

경기가 도대체 어떻게 펼쳐졌길래, 어떤 아쉬움과 '뒤끝'이 있었길래 저런 구차한 표현까지 쓰면서 안타까워할까 궁금했습니다. '화끈하게 지는 것'은 뭐며, '구질구질하게 이기는 것'은 또 어떤 것인지 '그림'이 잘 그려지지 않았습니다. 결과에 깨끗하게 승복하기보다 반칙을 해서라도 이겼어야 한다는 뜻일까, 더구나 젊은 사람들 입에서 그런 말이 나온다는 것이 혼란스럽고 약간 무섭기도 했습니다.

어쩌면 축구에 관한 얘기가 아닌데 공연히 제가 착각한 건지도 모릅니다. 가령 어떤 말끝에 곧바로 축구 이야기가 이어진 걸 지나가던 제가 그 말을 경기 결과에 대한 소감으로 오해했을 수도 있습니다.

어찌 됐건 한 편의 구호 같은, 표어 같았던 그 표현에 저는 지금껏 '꽂혀' 있습니다. 어쩌면 우리 사회와 현 세태를 극명하게, 상징적으로 함의하고 있는 것 같아 그런 말이 공공연히 돌아다니는지 인터넷 검색까지 해 봤습니다.

과정이야 '구질스러워도' 결과만 좋으면 그만이라니……. 살다 보면 구질구질해질 때가 있습니다. 매사 당당하고 의연하고 떳떳할 수 있다면야 '당근' '폼'나겠지만, 때로는 졸렬, 용렬해지는 순간도 있지 않습니까. 아니 '있는 정도'가 아니라 다반사지요, 속된 말로 '스타일 구기는'. 하지만 그것 역시도 인생의 한 변주가 아닌가요.

문제는 그런 구질구질한 상황이 내 쪽의 승리로 결론이 났을 때 십중팔구 요즘 유행하는 '말짝'으루다 '갑질'을 하기 쉽다는 거지요. 구질구실하게 이긴 것을 '캄푸라치'하기 위해서, 측근의 질투

나 혹은 정의의 이름으로 폭로나 망신을 당할까 보아 철저히 '갑질'로 무장해야 할 필요가 있는 거지요. 우리 사회 곳곳에서 벌어지고 있는 부조리한 현상에 '갑질 덤터기'를 씌우는 것도 다 이유가 있다는 생각이 듭니다.

어쨌거나 호주와 축구를 한 다음 날 그런 말을 들었으니 호주 이야기를 좀 하겠습니다. 백호주의(白濠主義, 호주에서 백인 이외의 여러 유색 인종의 입국이나 이민을 배척하던 백인 우선 정책으로 1965년에 이르러 원칙적으로 폐지함)가 폐지된 이후 호주는 250개가 넘는 나라의 이민자들로 구성된, 흩어진 퍼즐 조각처럼 각양각색, 천차만별의 가치관과 관념과 의식과 문화를 가진 '인종 박물국'으로 변모했습니다.

졸지에 지구촌 모델 하우스 또는 축소판이 된 나라, 어지러이 각기 따로 노는 퍼즐 조각을 '섬대륙'이라는 거대한 퍼즐 판에 끼워 맞춰야 하는 난제에 순간순간 봉착한다고 해도 과언이 아닙니다. 그와 같은 '퍼즐 국가'의 존립과 정체성의 핵심 근간은 'fair and justice'입니다.

'fair and justice'가 '기준!'을 외치면 지구촌에서 모여 든 각종 인종과 민족이 그때그때 '헤쳐, 모여'를 하는 것입니다. 신자유주의 경향으로 지금은 상당히 오염되었지만 호주에서는 "fair하지 않다."는 말을 듣는 것이 가장 치욕적이며 모욕적이던 시절이 있었습니다. 갈등과 이해가 첨예하게 대립될 때 "not fair!"라고 외치는 순간 '꼬랑지를 내리는' 모습을 지난 21년간 호주에 살면서 여러 번 경험했습니다. 저는 이른바 '정의 사회'의 시민이었던 것입니다.

탐욕 자본주의로 인해 퇴색되고 빛바랬다 할지라도 'fair and justice'는 여전히 가슴을 울렁이게 하는 호주의 통치 이념입니다. 이념은 이념일 뿐이라 해도 이념이 존재하는 것과 존재하지 않는 것은 하늘과 땅 차이입니다. 인간 정신은 비록 제한적일지라도 관념과 이념으로 빚어질 수밖에 없기 때문입니다.

'갑'은 있을지언정(당연한 거 아닌가요? '갑을'은 관계나 계약의 용어이니) '갑질'은 없는 사회, '갑질'을 맞닥뜨리는 순간, 'not fair'라는 '옐로카드'를 코앞에 들이밀 수 있는 사회에서는 화끈하게 질 일도, 구질구질하게 이길 필요도 없습니다.

나 편한 대로 '라쇼몽 효과'

최근 들어 '인연의 끈'을 끊어 내는 일이 잦아졌습니다.

탯줄처럼 질기고도 질긴 '징한' 것부터 투박하고 튼실했던 노끈 같은 연의 끈, 갓 자은 명주실처럼 고이고이 이어질 것만 같았던 애틋한 인연에 이르기까지.

군데군데 끊어진 거미줄을 한 올 한 올 바느질로 이어 주는 예술가도 있다는데, 부부의 연부터 일생 가장 오래 묵은 친구와의 연까지 무지막지한 가위질을 한 제 자신이 섬뜩합니다.

이유는 서로 안 통했기 때문입니다. 소통에 절망했기 때문입니다. 더 이상 공감할 수 없었기 때문입니다. 이해의 한계에 도달했기 때문입니다. 상대의 진실이 나의 진실과 다르기 때문입니다.

그래서 '나 편한 대로' 하기로 했습니다. 앞으로도 그렇게 할 겁니다. 어차피 인간은 자기중심적으로 생각하고 이기적으로 행동하며 자신을 합리화하고 미화하고 심지어 기억을 각색까지 하도록 '생겨 먹은' 존재니까요.

동일한 나무 한 그루에 대한 감상과 평가도 타고난 천성, 자라난 환경, 살아온 경험, 훈련된 신념, 현재의 조건 그리고 그 모든 것을 받치고 있는 거대한 무의식 등이 작용해서 이루어집니다. 그러니 본질 자체를 쌍방이 다르게 이해하는 것이 당연하고, 본질은 이미 내 속에서 재구성되어지는 것이라고 할 수 있을 것입니다. 두 사람이, 혹은 여럿이 함께 겪은 경험, 객관적인 현상일지라도 그것을 인식하고 의미를 부여하고 판단하는 것은 제각각입니다.

인연을 자꾸 끊어 내고 정리하다 보니 새삼 '라쇼몽 효과'라는 말이 떠오릅니다. "사람은 자기가 기억하고 싶은 것만 기억한다."는 사고의 주관성에 관한 철학 및 심리학 인용 이론이지만, "말로써 말이 많으니 말을 말까 하노라."나 "네 말이 옳고, 네 말도 옳고, 또 네 말도 옳다."고 한 황희 정승의 말과도 일맥상통합니다.

'라쇼몽 효과'는 영화 제목에서 유래합니다. 저는 이 영화를 여러 번 봤습니다. 등장인물의 대사와 표정, 움직임을 통해 매 순간 인간 심리를 예리하게 포착하고 있기에 볼 때마다 무릎을 치면서 제 자신을 비춰 보곤 합니다. 위키백과사전을 참고하면 이런 내용의 영화입니다.

〈라쇼몽〉(羅生門, 영어:Rashomon)은 1950년 일본에서 흑백으로 제작된 범죄 미스테리 영화이다. 구로사와 아키라의 대표작 중 하나로서 1951년 베네치아 국제 영화제 최고 영예인 황금사자상 수상작이다.

일본 헤이안 시대, 헤이안쿄 지방(지금의 교토 지방)의 폐허가 된 라쇼몽에서 폭우가 그치기를 기다리는 세 남자가 대화를 나눈다. 그 중 한 사람은 나무꾼으로 사흘 전에 나무를 하러 갔다가 한 사무라이의 시체를 발견한 뒤 관청에 신고한 바 있다. 또 한 사람은 승려로 역시 같은 날에 그 사무라이와 사무라이의 아내가 길을 지나는 것을 목격했다. 나머지 한 명은 두 사람에게서 이 사건에 대한 이야기를 듣는다.

이들은 관가에서 차례차례 진술을 한다. 사무라이를 살해한 용의자로 지목된 한 산적과 산적에게 겁탈을 당한 사무라이의 아내도 진술을 한다. 하지만 사무라이의 죽음에 대한 두 사람의 말이 일치하지 않는다. 결국에는 무당을 통해 죽은 사무라이의 영혼을 불러와 그의 말도 듣게 되지만 산적과 사무라이, 사무라이의 아내 등 세 사람이 한 장소에서 직접 연루된 사건이건만 세 사람 모두의 말이 제각각이다. 거기다 네 번째 진술자까지 등장, 딴소리를 늘어놓으니 사건은 점점 미궁으로 빠져든다.

같은 사건을 겪고도 인물마다 진술이 다른 이유를, 진실은 분명 하나인데 사람마다 달리 기억하는 연유를, 영화는 자기 입장을 유리하게 포장하려는 인간 심리 탓이라는 것에 초점을 맞춰 잘 보여 주고 있습니다.

거짓, 욕망, 허위, 허영, 공명심, 비열함 따위의 인간 본성이 동일한 사건에 대해 서로 엇갈린 주장을 하게 만들고 그 각각이 그럴듯한 개연성을 갖는 것도 그런 연유 때문입니다. 인간의 이기심과 자기중심성, 탐욕이 진실과 기억을 왜곡시킨다는 사실을 의미하는 것이지요.

등장인물 중 승려는 사람끼리 믿지 못하는 세상은 지옥이나 다름없다는 말을 합니다.

"무서운 얘기요, 이 일로 인해 난 사람에 대한 믿음을 잃게 될지도 모르겠소. 그건 도적떼보다도, 전염병보다도, 기근과 불, 전쟁보다도 무섭고 나쁜 일이오."

이에 대한 대답은 또 다른 등장인물을 통해 "라쇼몽의 귀신들도 인간이 무서워서 모두 달아나 버렸다."는 말로 돌아옵니다.

제가 미련 없이 인연을 싹둑싹둑 자르는 것도 지옥을 택하기로 마음먹고 있기 때문인지 모릅니다. 사람을 믿지 못하면 이미 지옥이라지만 나는 '나의 최선'을 다했고 상대는 '상대의 최선'을 다했으니까요. 서로 최선을 다했는데도 함께 몸담고 있는 곳이 지옥이라면 하는 수 없겠습니다.

하지만 영화 〈라쇼몽〉의 마지막 장면에서는 '인간의 다른 조건'을 보여 줍니다. 크게 보면 인간에 대한 믿음과 희망이겠지만, 더 크게 보면 인간은 규정 자체가 불가능한 복잡한 존재라는 것을 보여 주고 있다는 게 제 생각입니다. 그럼에도 맺었던 인연을 스스로 잘라 낼 수밖에 없는 것은 사람은 누구나 자기 처지가 앞설 수밖에 없는 존재이기 때문이라는 게 변함없는 제 생각입니다.

죽은 한글의 사회

어제가 568돌 한글날이었습니다. 그러나 언제부턴가 제게 한글날은 시나브로 '한글의 기일'처럼 다가옵니다. 그것도 모자라 해마나 '부관참시'를 당하는 것 같은 모욕감과 수치감, 참람함과 황망함, 민망함과 자괴감에 고개를 떨구게 합니다.

한글날을 맞아 한 포털 사이트가 대학생 617명을 대상으로 맞춤법 설문조사를 했는데 그 결과가 아주 '충격적'으로 나왔다고 하지요.

"감기 빨리 낳으세요. 어의가 없어요. 얼마 전에 들은 예기가 있는데요. 저한테 일해라절해라 하지 마세요. 이 정도면 문안하죠. 구지 그렇게까지 해야 할까요? 설앞장이 안 열려요. 무리를 일으켜서 죄송합니다."

사실 충격을 넘어 '아연실색'할 노릇이지만 그나마 '충격씩이나' 받았다니 다행입니다. 잘못 쓴 것 정도는 알고 있다는 뜻이니까요.

기왕 '충격 받은' 김에 학생들에게 하나 더 묻겠습니다. 이건 어떤가요?

"라떼 나오셨습니다. 화장실은 저쪽으로 돌아가시면 계세요. 5천 원 받으셨구요. 그 색상은 지금 없으세요. 품절되셨어요. 매진이세요. 이만하면 착한 가격 아니신가요? 좋은 지적이십니다."

뭐가 문제냐구요? 문제가 뭔지도 모른다는 게 여간 문제가 아니지만 앞서 받은 '충격'에서 아직 헤어나지 못한 걸로 마음 접겠습니다. 바로잡아 주는 것에도 지쳐서 이제 저는 이런 말 들을 때마다 '확' 때려주고 싶은 걸 매번 참느라 명이 갉아 먹히듯 힘겨우니까요. 어차피 기대도 안 하면서 말입니다.

자유칼럼그룹의 필자 고영회님의 글 〈한글날을 앞둔 우리 '말글살이' 모습〉에 한 독자가 이런 댓글을 올렸더군요.

> 일부 학자들이 "생각이 디퍼런스하니까 컬쳐가 액티브하게 발달하지 못하고, 펀드가 조성이 안 되어 릴렉스한 행정이 이루어지지 않아, 콘테이너블하게 집적하여 아카이브를 형성하자."는 따위로 말을 하는데, 이런 류의 병을 '지식 암'이라고 부르면 어떻겠습니까?

무릎을 탁 칠 정도로 '딱'인 표현이라며 글쓴이도 저도 공감을 했습니다. '지적 허영병'이 깊고 깊어지니 급기야 '암'으로 발전될 밖에요. 하기야 '암에 걸리셔도, 병이 있으셔도' '저희 나라'는 보험을 들어 주시니까요.

그뿐만 아니라 SNS(소셜네트워크 서비스)로 인해 활판을 바꾸는 것이 번거로워 정확한 맞춤법("잘 있었니?" 할 것을 "잘 잇엇니?" 하는 식)이나 조사를 명확히 쓰는 법, 완전한 문장을 구사하는 자체가 귀찮아지니, 우리 세대야 알고 안 한다 쳐도 다음 세대는 몰라서 못 할 테니 이것이 곧 '한글의 죽음'을 재촉하는 것이 아니고 무엇인가요?

애 어른 할 것 없이 스마트폰에 매달려 글 한 줄, 책 한 권 제대로 읽시 않고, 거리의 긴편도, 잡지의 표제도, 물건이 이름두 영어 일색이니 영어를 모르면 자칫 생리적 일도 처리할 수 없는 나라에서, 매해 돌아오는 '한글 생일'이 '한글 제삿날'인 것 같은 끔찍하고 처참한 생각이 들지 않을 수 있겠습니까.

제 말이 지나치게 자조적이고 비아냥으로 들리나요? 당장 경험해 보시면 수긍하실 겁니다.

얼마 전 명동 L 백화점의 드넓은 여성복 매장에서 발견한 유일한 한글은 'Rest Room' 밑에 아주 작게 쓰여 있는 '화장실'이었으니 그게 그렇게 반갑고 고마웠을 정도였으니까요. 말은 그저 소통의

도구가 아닐진대, 그나마 소통도 안 되고 있으니 분통 터집니다. 영어권에서 20년 넘게 살다 온 저도 서울 시내를 사전 찾아 가며 다니고 있는 지경이니 말 다한 것 아닌가요? 한마디로 영어에 미친 나라입니다. 언어는 지식과 지혜를 익히게 하고 자아를 확장하며 내 지평을 넓혀 나를 성찰하게 하는, 나와 함께 태어나 나와 함께 자라고 나와 함께 소멸하는 나의 '살이'입니다.

언어를 통해 내가 표현되며 자의식이 형성됩니다. 나의 자의식이 이웃과의 진정한 소통을 만들어 냅니다. 정중하고 진지하며, 예리하면서도 진솔하고, 정서적으로 풍요롭고 다감한 인품은 '언어가 빚은 연금술'입니다. 나의 말은 곧 나이며, 그의 말은 곧 그입니다. 우리의 말은 곧 우리입니다.

한글을 돌아보는 것은 곧 우리를 돌아보는 일입니다.

'강남 스타일'로 한복 부활을

'눈을 씻고 찾아본다.'는 말처럼 지난 설 연휴 동안 제 시야 안에서 '눈을 씻고 봐도' 겨우 한두 명이었습니다. 한복 입은 사람들 말입니다. 안 입어도 너무 안 입는 거 아닌가요? 21년 만에 한국에 다시 돌아온 이래 추석과 설을 각각 두 번째 맞으면서 '우리 옷'은 거의 사라졌다는 느낌을 받습니다.

이래도 되는 걸까 하는 위기감과 우려로 마음이 무겁습니다. '비싸서 안 입는다, 불편하다'는 이유를 대지만 다 핑계입니다. '입성치레'가 심한 우리나라 사람들이 돈이 없어서 한복을 안 입을 리 없고, 더구나 여자들이 불편을 이유로 멋 부리기를 포기했다는 소리를 동서고금을 통해 일찍이 들어 본 적이 없습니다. 수요만 있다면야 값의 고하를 막론하고 명품부터 '짝퉁'까지 단계별로 입수

할 수 있고, 많이 입기만 한다면 값이야 저절로 조정될 것 아닌가요. 한복이 싸지 않다는 게 아니고 불편하지 않다는 게 아니라 그것이 외면의 사유라기보다는 변명같이 들린다는 뜻입니다.

설에 조카의 아홉 살 아들의 세배를 받았습니다. 지 엄마 어렸을 때 설빔이 고왔던 기억이 나면서 종손이 한복을 '못 얻어' 입은 건 순전히 부모 탓이란 생각을 했습니다. 어렸을 적 기억에도 없는 한복이라면 평생 못 입어 볼지도 모릅니다. 한복이 점차 자취를 감추고 있는 상황에서 장가 들 때라고 입을 수 있다는 보장도 없습니다. 결혼식에서 폐백도 사라지는 추세니까요. 어쩌면 그 아이는 민속박물관에 걸린 것을 감상만 하는 세대가 될지도 모릅니다.

지난해 통계청이 무작위 110명을 대상으로 한복에 관한 설문 조사를 한 결과, '한복을 가지고 있다.'고 답한 사람은 겨우 13%(14명), 나머지 87%(96명)는 '없다.'고 했답니다. 한복이 있는 사람 중에도 설날과 추석 등 명절에 꺼내 입는 사람은 110명 가운데 고작 4명뿐이었다고 하지요.

전국의 20대 미혼 남녀 175명을 대상으로 한 또 다른 조사에서는 1년에 한 번도 한복을 입지 않는다는 응답이 94%, '최근 5년 사이에 입은 적 없다.'는 85%, '아예 한복을 입어 본 적이 없다.'는 대답이 19%나 되었다고 합니다. 한복을 입어 본 적이 있다고 해도 스티커 사진을 찍으려고, 한복 체험 행사장에서, 관련 행사를 위한 아르바이트를 할 때였다니 그런 경우라면 입었다기보다 그저 한번 '걸쳐 본' 것이라 옹색하고 민망하게 들립니다.

제가 기고를 하는 월간지 〈과학과 기술〉 2월호에도 이 주제를 다뤘습니다. 글을 읽은 지인 한 분이 한복을 입지 않는 작금의 사태는 뿌리가 병든 나무와 같이 심각한 일이라고 우려했습니다. 일제 강점기 때 우리말과 우리글 사용을 금하고, 창씨개명을 강요하며, 창경궁에 동물원을 만드는 등 우리의 얼과 민족 문화를 말살한 정책과 맥을 같이 한다는 지적이었습니다.

'옷은 곧 정체성'이라는 인식을 일본 제국주의 정권이 간파했기에 식민지 국가 조선의 옷을 여염집 옷걸이에서 끌어내려 기생집에 가져다 놓은 결과, '직업여성의 옷'이라는 '이미지' 개선 작업을 성공적으로 할 수 있었고 이후 일반 부녀자들이 한복 입기를 꺼리게 되어 정체성의 한 맥을 끊어 놓았다는 것입니다.

> 아닌 게 아니라 안 할 말로다 요즘 한복은 여염집 여자들을 죄다 '어우동'처럼 야시시하게 보이도록 만든다. 화려함이 지나치고 변형이 지나쳐서 형태나 색, 선에서 단아함이나 우아함보다는 어지러운 현란함과 난해함을 풍긴다.
> '한복진흥센터'라는 단체에서 지난해 전국 10~60대 5,000명 남녀를 대상으로 한복에 대한 전반적인 인식을 조사한 것 중에 길

에서 한복 입은 사람을 보면 '특수 직업인처럼 보인다.'는 응답도 상당수 있었다는 점이 비슷한 생각을 뒷받침하는 게 아닐까.

한복의 생명은 단아함과 청초함, 그러면서도 화사하고 고운 태에 있다고 생각한다. 울긋불긋, 주렁주렁, 겹쳐 부풀림 등으로 과장된 한복의 변신이 '유죄'까지는 아니라 해도 좀 심하게 나간다는 느낌이 드는 것은 나만의 '까칠함'은 아닐 것이다.

〈과학과 기술〉에 기고한 내용입니다.

외교관이었던 그 지인은 의복이 존재를 규정한다고 하면서, 회교권 국가에서 근무할 때 우리에겐 유별나 보이는 그들의 고유 의상에 대해 그 나라 여성들의 인식을 직접 들었다고 합니다. 그것은 곧 그들 자신의 문화적 자부심과 안정감을 반영하는 '정체성'이었답니다. 250여 다민족으로 구성된 호주에서도 각 민족의 고유 의상은 정체성의 상징이라는 경험을 통해 그분의 말씀에 공감했습니다.

하물며 단일민족임을 자랑삼는 우리나라에서 점점 더 한복을 안 입는다는 것은 심각한 일입니다. 일제의 잔재를 청산하려는 노력 중에 '민족 의상 회복'은 퇴행하고 있다는 점이 매우 안타깝습니다.

본질에 다가가기 위한 방편으로 이미지를 적절히 활용할 수 있어야 합니다. 일제가 기생집 옷걸이에 걸어 놓은 한복을 여염집

안방으로 되돌려 놓기 위해 한국의 이른바 '상위 문화'를 주도하는 '강남스타일'의 작동이 요청되는 바입니다. 여성 한복부터 시작한다는 전제하에 강남 여자들이 한복을 먼저 좀 입어 주길 바랍니다. 한복의 부활을 위해 '한복이 요즘 강남에서 뜬다.'는 이미지 전략으로 가자는 말씀입니다.

포털 변소, 싸지른 댓글

이달 말이면 한국에 다시 온 지 꼭 1년이 됩니다. 친정붙이를 비롯해서 자상하고 따뜻한 지인들과 친구들의 도움과 보살핌으로 연착륙한 안도감이 큽니다.

그럼에도 20년 넘게 한국을 떠나 있던 저로서는 격세지감에서 오는 '낯섦'을 어쩌지 못한 채 속된 말로 두어 차례 '멘붕'을 경험했고 황당한 일도 몇 번 겪었습니다. 그저 고국에 되돌아온 신고식이려니 합니다.

그러다 최근에는 어느 여성지에 연재하고 있는 글이 인터넷 포털 사이트에 올라가는 바람에 매달 호된 경험을 하고 있습니다. 주요 뉴스에 올랐다고 멋모르고 좋아했다가 곤욕을 치르고 있습니다.

사랑과 이별, 결혼과 이혼에 대한 저 나름의 성찰을 에세이 겸

칼럼 형식으로 써 가고 있는데, 글의 일차적 기능이 그렇듯 이 글도 저 자신의 상처를 돌보고 내면을 치유하기 위해 시작했습니다.

그런데 글이 나가기 무섭게 마치 굶주린 하이에나 떼에게 던져진 먹잇감마냥 악의와 적의, 분노와 증오의 독이 선지피처럼 뚝뚝 듣는, 이른바 악성 댓글, 악플러들에게 잔인하게 물어뜯기고 갈갈이 해체되고 있으니 치유는커녕 '뼈도 못 추릴' 상황에 매번 처합니다.

이대 나온 년이라는 둥, 엄청 못생겼을 거라는 둥, 팔자 편해서 요강에 똥 싼다는 둥, 밑도 끝도 없는 해괴한 말과 도저히 입에 담지 못할 욕설을 내깔기듯 제 글 밑에 달아 댑니다.

글의 내용과는 아무 관련 없는 악에 받친 소리들, 심지어 "네 글 따위는 읽지도 않았다. 그러나 보아하니……."라는 식으로 매도할 정도이니 백 개가 넘는 욕설을 듣고 나면 예전 '오마이 뉴스'나 '일베' 등에서 '꾸준히', '맷집'을 불려 왔건만 그럼에도 만신창이가 되는 느낌입니다.

인터넷 댓글로 욕을 먹은 지도 어언 15년, 독의 수위는 점점 높아만 갑니다. '무플보다 악플이 낫다.'는 자위 수준을 넘은 지는 이미 오래전입니다.

오죽하면 '댓글을 쓴다.'고 하지 않고 '댓글을 싼다.'고 할까요.

한마디로 사회에 대한 욕구불만 해소와 감정 배설을 위한 '변소'

역할을 하는 곳이 포털 사이트인가 봅니다. 화풀이할 대상을 찾아 눈을 희번덕대며 온라인 광장을 헤매던 무리들에게 제 글이 재수 없게 걸려든 형국입니다.

그러나 한편으로는 온라인상의 감정 배설 장소라도 있으니 한국 사회가 이 정도라도 일상을 유지하는가 싶기도 합니다.

"'변소'가 뭐냐, 똥을 한곳에 모아두는 곳이잖아. 변소가 없다면 똥을 아무 데나 쌀 거 아냐. 감정도 마찬가진 거야. 좌절과 욕구불만을 세상과 타인을 향해 쏟아부을 데가 있어야 하는 거지. 이유 모를 미움과 원망과 울분과 분노와 불만과 시기와 질투 등등 부정적 감정과 화가 속에서 부글부글 끓는데 그걸 어디다 배설해얄 거 아니냐고. 똥오줌을 참으면 병이 되듯이. 그러니 '감정 변소'가 필요한 거야. 애꿎게도 내 글은 '밑씻개'인 거고. 난 그래서 '포털 변소'라고 부르는 거야."

제 블로그에 '내 편' 들어 줄 사람들에게 이런 글을 올려 '똥물 튄 기분'을 씻어 내자니 아니나 다를까 "똥은 밥이다. 차라리 토사물이라고 해라, 똥이라는 말로도 아깝다."는 응원까지 있었습니다.

제 글에 모든 사람이 공감을 할 수는 물론 없습니다. 다만 다른 사람의 아픔과 고통에 최소한의 예의는 있어야 하지 않을까요. 사람은 누구나, 생명 가진 것이라면 예외 없이 본질적 고통을 갖고 있다는 것, 그 너무나도 자명한 사실을 잊지 않았으면 좋겠습니다.

이미지 시대에 살면서 너남없이 이미지 관리에 매달리다 보니 존재의 본질과 자신의 본래적 모습, 내면적 성찰을 잃어가고 있습니다. 보이는 것, 보여지는 것에 사로잡혀서 타인에 대한 공감력을 점점 잃어가고, 어쩌면 자기 자신의 감정이나 정서, 자기 마음조차 제대로 읽지 못하는 지경에 이르렀는지 모릅니다.

내면의 자기 뜰이 황폐한 사람이 다른 이의 뜰을 돌아보고 배려하기는 힘든 법이니까요. 자기를 사랑하는 사람은 타인도 사랑할 줄 알고 자기 자신에게 만족하는 사람은 상대에게도 너그럽습니다.

블로그의 글을 이렇게 마무리하며 한국 생활 1년을 다시 돌아봅니다. 마침 오늘은 22년 전, 어린 것을 둘러업고 시드니로 이민을 떠났던 날입니다.

어쩌다 보니 다시 맨 몸뚱이로 돌아와 무지막지한 봉변을 당하고 있지만 내 글이 '공공의 먹잇감' 또는 유독 화가 난 사람들의 '화풀잇감'이라도 될 수 있다면 그 또한 고국에서의 몫이라 여기며 달게 받겠습니다.

욕하면서 배운다고

'도깨비감투' 이야기가 있다. 어릴 적 만화를 좋아하던 나는 『도깨비감투』 만화책을 읽고는 현실이 아닌 줄 뻔히 알면서도 진짜 그런 것을 한 번 가져 봤으면 하고 조바심 나게 열망한 적이 있다.

도깨비감투를 쓰고 투명인간이 되어 맹랑한 일을 서슴없이 저지르고는 유유히 사라질 때면 영문 몰라 어리둥절하고 있는 사람들의 표정을 악동처럼 즐길 수 있을 거라는 상상도 짜릿했고, 지나가는 사람의 뒤통수를 한 대 치거나 남의 물건을 '슬쩍' 해도 도무지 들킬 일이 없으니 그야말로 도깨비감투만 있으면 겁 없이 멋대로 행동하는 데 하등 제동 걸릴 일이 없을 거라는 유치한 발상에도 신이 났다.

요상한 것은, 어차피 상상일 뿐인데도 어린 마음에도 그랬고 만화

책 줄거리도 그랬듯이 그런 물건을 손에 넣는다면 선행에 쓰기보다 남을 해코지하거나 재미 삼아 골려 줄 생각이 먼저 떠오르는 걸 보면 남다른 힘을 얻으면 못된 쪽으로 기우는 맘보가 참 고약하다 싶기도 했다.

세계 제일의 인터넷 왕국이라는 21세기 한국 사회에는 이야기 속에나 존재하던 '도깨비감투'가 현실로 나타나고 있다. 그것도 어쩌다 굴러들어와 특정인의 소유로서 존재하는 것이 아니라 셀 수없이 많은 투명 감투들이 인터넷 사이트 곳곳마다 종횡무진 질서를 어지럽히고 있다.

마음만 먹으면 익명성이라는 도깨비감투를 악용해 남을 악의적으로 해코지하고 상처를 낼 수 있는 음습한 사이버 공간이 도처에 도사리고 있기 때문이다. 독기가 서리서리 뿜어져 나오는 사이버 공간은 음해와 비방, 명예훼손 등으로 뒤엉킨 투명인간들의 입김으로 혼탁하다.

사이버 공간을 돌아다니는 도깨비감투들은, 마치 굶주린 사자 앞의 먹잇감이 이리저리 살점을 뜯기며 갈갈이 해체될 때까지 희롱당하다 마침내 흔적도 없이 삼켜지고 말듯이, 올라온 글의 내용이나 본 뜻과는 아랑곳없이 오로지 그 글이 한 줄 한 줄 의미를 상실할 때까지 시비에 시비를 걸며 냉소적 이빨을 들이댈 뿐이다.

이야기 속에 나오는 애교와 장난기 어린 감투 대신 현대의 감투들은 언어폭력으로 살인을 저지르고 있다 해도 과언이 아니다. (중략) 도깨비감투를 언제까지 악용만 하다가 결국 사람들에게 곤욕을 치르고 마는 이야기 속의 결론에 도달하고 싶지 않다면 차라리 감투를 벗어서 얌전히 본래의 자리에 돌려놓을 일이다.

 지난번 칼럼 '포털 변소, 싸지른 댓글'과 '나는야, 조선족 사토라레'가 나간 후 10년도 더 전에 썼던 이 글이 불현듯 떠올랐습니다.
 그간 '익명제'를 '실명제'로 전환시켜 정체가 노출될 수 있도록 감투에 '구멍'을 냈지만 이에도 아랑곳없이 폭력의 수위는 높아만 갑니다.
 글 쓰는 후배 하나도 '댓글 테러'를 당했다며 의미 둘 가치가 전혀 없다는 걸 알면서도 허탈하다고 했습니다.
 우리나라에 왜 이렇게 난폭하고 이상한 사람들이 많을까 다시 곰곰 생각해 봅니다. 뭐 하나 되는 일도 없고, 할 일도 없이 무료한 세칭 '찌질이'들이 그런 댓글을 쓰고 다니니 슬퍼하거나 노여워하지 말라는 주변의 위로를 뒤집어 생각도 해 봅니다.
 자기 자신과 현실에 좌절하고 낙망한 사람들이 흘러드는 곳이 그 마당이라면, 그 '퇴적 공간'에서 몸살을 앓고 있는 사람들의 아우성을 '단순 찌질이들의 악다구니'로 치부할 일만은 아닌 것 같습니다.

대놓고 해코지는 못하고 시궁창 쥐새끼처럼 남의 발뒤꿈치나 갉죽거리는 족속들에게 차라리 측은지심을 가질 망정 말입니다.

그리하여 그들의 몸서리나는 댓글은 어느 단편 소설 제목과 같이 소외되고 천대받으며 점점 사회의 주변부로 밀려난 '모래톱 이야기'인지도 모릅니다.

우리 사회가 사분오열, 오리무중, 암중모색을 거듭하는 동안 그네들은 사회의 중심부에서 밀리고 밀린 퇴적층이 되어 댓글로나마 '악' 소리를 내고 있는 것이라면 참으로 가련한 일입니다.

어쩌다 보니 세 번 연속 인터넷 악성 댓글에 관한 글을 쓰게 되었습니다. 요 몇 달 새 일도 안 구해지고 글도 안 써지고……, 저 역시 도무지 되는 일이 없고 할 일도 없는 '찌질한 화상'이라 갑자기 악플러들과 동질감을 느끼게 되었나 봅니다.

욕하면서 배운다고 이러다 남의 글에 악성 댓글이나 '싸고' 돌아다니는 거 아닌지 모르겠습니다.

조선족과 외계인

제가 초등학교 2학년 때 우리 가족들은 대구에서 서울로 거처를 옮겼습니다. 무기 징역을 살고 있는 아버지로 인해 빈한막심한 도시 빈민과 다름없는 '유랑 상경'이었습니다. 4남매를 먹이고 입히고 공부시켜야 하는 어머니의 노심초사 못지않게, 학교생활의 부적응에서 오는 어린 저의 애로도 만만치 않았습니다. 가장 힘들었던 점은 무엇보다 서울 아이들 틈바구니에서 무단히 튀어나오는 '경상도 사투리'였습니다.

서울말씨는 뭘 물을 때 무조건 끝을 '니?' 자로 한다는 정도는 아홉 살 저도 알고 있었습니다. 상냥하고 싹싹한 끝말에만 신경을 바싹 쓰던 어떤 경상도 아주머니가 정육점에서 "돼지고기 계세요?"라고 했다는 일화도 있지만 저 역시 그 무렵의 웃지 못할 기억이 있습니다.

　전학 온 지 며칠 안 된 어느 날, "지금 엄악 시간이니?"라고 했다가 급우들로부터 놀림을 당했던 일입니다. 그때 저는 'ㄴ' 자로 물었잖아? 근데 뭐가 잘못된 거지?라는 어리둥절함 속에 '음악'을 '엄악'으로 잘못 발음해서 웃음거리가 된 것을 미처 눈치 채지 못했습니다. 그 일이 소위 '트라우마'로 남아 지금도 'ㅡ'와 'ㅓ'를 구분해서 발음하지 못하는 경상도 사람들을 보면 좌중과 함께 웃긴 해도 남다른 '연민'을 느낍니다. 당사자조차도 그만한 일로 무슨 '연민씩이나' 할 테지만 저로선 그때 기억 때문에 그렇습니다.

　호주에서 21년 동안 살다가 한국에 다시 돌아온 지 햇수로 2년째, 내 '아홉 살 인생'이 불현듯 떠오르는 요즘입니다. 그때는 그런 말이 없었지만 '왕따의 추억' 같은 것 말입니다.

　처음에는 어리바리한 나를 일단의 무리들이 '조선족'이라는 별명으로 부르더니, 그 후 "조선족 함부로 부르지 마라, 너는 한번이라도 '조선족스러운' 적이 있었던 사람이냐."는 투로 비아냥거리는 치들이 생겼습니다. "어따 대고 어리바리, 조선족이 얼마나 독하고 무서운 사람들인데 네가 감히……." 하면서 재리에 유난히 밝은 조선족과는 거리가 멀어도 한참 멀다는 것이 제가 '조선족이 될 수 없는' 새로운 이유였습니다.

　그럼에도 '조선족'은 동포라는 위안이라도 되더니 급기야 최근에는 '외계인 같다.'는 소리를 듣기에 이르렀습니다. 저의 생각과 말과 행동을 도무지 이해할 수 없고, 그러다 보니 황당하고 어이없고, 이상해서 믿기조차 한 모양입니다. 제 쪽에서 볼작시면 '한국 사회 적응 실패'를 의미하는 것이기도 합니다. 조선족에서 외계인이라니……. 점입가경도 유만부동이지, 믿거나 말거나 '차도녀(차가운 도시의 여자, 쿨한 여자)' 소리를 누군가로부터 들어본 경험이 무색하게스리.

저를 싫어하고 미워하는 사람이 어찌 그 사람 하나뿐이겠습니까만, 저를 이해하지 못하는 것에서 그치질 않고 기어이 미워하게 된다면 그것은 매우 위험한 사고이자 만약 그가 나보다 열세에 있다고 느낀다면 피해의식이 시작되는 순간입니다. 하긴 상대를 불편해하거나 미워한다는 자체가 그에게 감정적으로 예속된 상태를 의미한다는 점에서 이미 수동적이며 열등한 위치에 스스로를 두는 것이지만요.

인연이 어긋나고 관계의 파국을 맞게 되는 모든 단초가 '오해'에서 비롯되기 마련이지만 그렇다고 해서 상대를 미워하거나 증오할 것까지는 없지 않을까요. 서로가 서로를 완전히 이해하는 관계란 사실상 없습니다. '소통'이란 게 그렇게 쉽게 이뤄질 성질의 것이라면 구호처럼 매번 외칠 필요도 없을 테니까요.

그럼에도 호주라는 이질 문화권에서 살다 온 사실에 대해 한 치의 배려도 없이 원체 이상하게 생겨 먹은 외계 생물 취급을 당하는 것이 저를 고통스럽게 합니다. 시드니에서 서울로, 그것도 모국이라고 찾아온 '중년 아지매'의 초라한 자의식이 그때 그 시절, 남루했던 대구 꼬마의 촌스러움과 오버랩되어 지난 상처를 자극하기 때문인지도 모릅니다.

이런 저를 심히 딱하게 여긴 지인이, 오랜 이민 생활로 인해 한국 사회 적응이 서툴러 그렇다며, 아프리카에 살다가 북극에 왔다면 당연히 옷을 껴입어야 하지 않겠냐는 비유를 들었습니다. 그런데도 여전히 '팬티 바람'으로 돌아다닌다면 온전히 살아 내기가 어렵지 않겠냐고 덧붙이면서. 그 지인이 비유를 들기 전까지 제가 '팬티 바람'이라는 의식도 실상 없었는데 말입니다.

'다르면서' 고분고분하지도 않으면, 그때부터는 '틀린 것'으로 '찍히게' 됩니다. 그렇게 되면 사는 것이 고달파집니다. 제 한국 생활이 점점 고달파지고 있습니다. 더 이상 아홉 살 꼬마는 아니지만 우울한 일입니다.